MÉLODIES POPULAIRES GRECQUES

DE L'ÎLE DE CHIO

EXTRAIT DES NOUVELLES ARCHIVES
DES MISSIONS SCIENTIFIQUES ET LITTÉRAIRES
TOME XI

MÉLODIES POPULAIRES GRECQUES

DE L'ÎLE DE CHIO

RECUEILLIES AU PHONOGRAPHE

PAR

HUBERT PERNOT

RÉPÉTITEUR DE GREC MODERNE À L'ÉCOLE DES LANGUES ORIENTALES

ET MISES EN MUSIQUE

PAR

PAUL LE FLEM

ANCIEN ÉLÈVE DU CONSERVATOIRE DE PARIS

PARIS

IMPRIMERIE NATIONALE

———

ERNEST LEROUX, ÉDITEUR, RUE BONAPARTE, 28

———

1903

RAPPORT

SUR

UNE MISSION SCIENTIFIQUE

EN TURQUIE.

———◦◦———

Monsieur le Ministre,

Vous m'avez fait l'honneur de me charger, en 1898, d'une mission linguistique en Grèce et en Turquie, et vous avez bien voulu la renouveler l'année suivante, pour me permettre de terminer les recherches que les autorités ottomanes avaient entravées la première fois. Mon objectif principal, au cours de ces deux missions, a été l'île de Chio, où j'ai passé les étés de 1898 et de 1899. J'en ai rapporté la matière d'une étude de dialectologie néo-grecque, à laquelle je travaille; mes impressions de voyage m'ont donné le sujet d'un volume actuellement sous presse[1]; enfin, j'ai recueilli, durant mon séjour dans les divers villages de cette île, un certain nombre de mélodies populaires, que je vous soumets aujourd'hui.

Je me suis servi, pour cette dernière partie de ma tâche, d'un graphophone Columbia du poids de 9 kilogrammes, suffisamment portatif dans des contrées où les déplacements d'un village à l'autre se font à dos de mulet. Il existe, il est vrai, des graphophones moins pesants, mais leur légèreté ne s'obtient qu'aux dépens de la précision et de la commodité du remontage. Dans cet appareil, un large pavillon, généralement en fer-blanc, transmet les sons à un tambour, dont la membrane actionne un morceau de cristal tranchant. Les mouvements de celui-ci se gravent dans un cylindre

---

[1] *En pays turc. L'île de Chio.* Avec 17 mélodies populaires et 118 simili gravures. Paris, Maisonneuve, 1903, 284 pages, in-8°.

composé d'une cire spéciale. Veut-on reproduire le son ainsi imprimé, il suffit de remplacer ce tambour par un autre, muni d'un cristal arrondi; c'est l'affaire de quelques secondes. Les cylindres sont assez durs pour résister à la chaleur et au transport, moyennant les précautions habituelles : sur les deux cents que j'ai employés, je n'en ai cassé qu'un seul. Quant à la netteté des résultats, elle dépend, en grande partie, de celui qui manœuvre le graphophone. La vitesse la meilleure est celle de 120 tours à la minute, en diminuant pour les voix hautes et en augmentant un peu pour les voix très basses. La distance entre le pavillon et la bouche du chanteur peut être d'environ 0 m. 20, avec une intensité ordinaire.

Il va de soi qu'on a intérêt à se servir souvent du même chanteur, de façon à réduire le plus possible les tâtonnements du début. Chaque fois que j'ai eu affaire à un sujet nouveau, j'ai usé d'un subterfuge : je mettais le cylindre en marche, sans abaisser le tambour inscripteur; puis, quand le sujet avait chanté la mélodie, dans les conditions voulues, je confessais ma supercherie et je le priais de recommencer. Grâce à cette précaution, ces chansons m'ont été dites, en général, assez nettement, pour que j'aie pu retrouver les paroles d'après le graphophone seulement, lorsque le temps m'avait manqué pour les noter aussitôt après. Si l'on a affaire à une voix de femme, il peut cependant arriver, malgré tout, que certaines notes élevées, portant sur la voyelle i, soient rendues indistinctement par l'appareil. Pour remédier à cet inconvénient, il suffit de faire dire deux fois le même air, avec des paroles différentes. Un autre moyen, qui de plus permet de vaincre facilement la timidité des chanteurs, consiste dans l'emploi de chœurs, avec voix de timbres variés. Si l'on veut retrouver exactement le ton dans lequel a été exécuté un air, on n'a qu'à noter, soit avant, soit après l'exécution, le nombre de tours faits par le cylindre en une minute; on s'en rend aisément compte en collant sur celui-ci un petit morceau de papier. D'ailleurs, à défaut d'indications précises, l'oreille, pour peu qu'on l'ait exercée, peut être encore un témoin digne de foi; elle s'habitue vite aux imperfections du graphophone, apprend sans peine à isoler les sons des bruits accessoires et parvient à identifier sans erreur la voix humaine et celle de l'appareil.

Cette manière de recueillir les mélodies populaires offre deux

avantages : la chanson une fois dite, il en reste une épreuve durable,
à laquelle on peut avoir recours par la suite, autant de fois qu'on
le juge nécessaire, et, d'un autre côté, pas n'est besoin d'un musi-
cien de métier pour se livrer à cette moisson. Ceux qui s'occupent
de musique populaire sont assez rares, pour n'avoir le droit de
dédaigner aucune aide. En ce qui concerne la Grèce moderne,
aucun travail n'a été publié en France, dans cet ordre d'idées,
depuis ceux de M. Bourgault-Ducoudray. En Grèce même, on n'a
donné qu'une attention minime à cette sorte d'études; les airs
édités jusqu'ici ou bien l'ont été à l'usage des gens du monde,
avec corrections et accompagnement de piano, ou bien sont trans-
crits suivant la notation liturgique et restent par conséquent d'un
accès difficile à la plupart des musiciens européens; tel est le cas
par exemple pour le recueil de chants nationaux de Sigàla [1]. Il
existe à Athènes, depuis assez longtemps déjà, un Conservatoire qui
forme, paraît-il, de bons élèves. N'en sortira-t-il pas un jour
quelque Hellène qui se consacrera à l'étude des airs de son pays?
Ce serait une belle tâche.

Jusque-là, des recueils du genre de celui-ci ne seront peut-être
pas inutiles. Je n'en ignore pas les défauts. Le travail que j'ai en-
trepris exige, pour donner son maximum de résultats, une colla-
boration très intime de celui qui a recueilli les chansons et de
celui qui les note. Le premier a sur l'autre l'avantage d'avoir en-
tendu le chanteur, d'être d'ordinaire plus habitué au graphophone
et de mieux saisir le rapport de l'air et des paroles. Le second, en
revanche, par cela seul qu'il se place à un point de vue différent,
peut rectifier certaines erreurs du premier ou faire porter son atten-
tion sur des faits qu'il ne soupçonnait pas. Les connaissances de l'un
complètent ainsi celles de l'autre. Malheureusement, ma grande
ignorance en matière de musique a de beaucoup réduit cette colla-
boration. Le mérite d'avoir noté ces mélodies revient donc entiè-
rement à M. Paul Le Flem, alors élève du Conservatoire de Paris,
qui l'a fait avec une patience et une minutie dont je lui garde une
vive gratitude. Avec des connaissances musicales moins rudimen-
taires, j'aurais pu faciliter sa tâche, peut-être même la préciser sur

---

[1] Συλλογὴ ἐθνικῶν ἀσμάτων περιέχουσα τετρακόσια ἄσματα τονισθέντα ὑπὸ τοῦ
ἐκ Θήρας μουσικοδιδασκάλου Ἀντωνίου Ν. Σιγάλα, Athènes, 1880, κδ′,543 p.
in-8°. Bon nombre des chansons de ce recueil ne sont pas populaires.

certains points; mais tel qu'il est, ce travail offre, je crois, des mélodies que j'ai recueillies à Chio, une transcription suffisamment exacte pour pouvoir servir à des études sur l'histoire de la musique grecque.

Je n'ai pas la prétention d'avoir rassemblé tous les airs populaires chantés à Chio. Cependant, comme j'ai parcouru en détail les diverses parties de l'île, sans jamais perdre de vue cette sorte de recherches, on peut considérer que ces mélodies donnent une idée assez complète de la musique connue des insulaires. Certaines d'entre elles sont très récentes; elles ont été rapportées de Smyrne ou des villes voisines par des jeunes gens de Chio qui, pour des occupations variées, quittent leur foyer durant plusieurs mois de l'année. J'en ai indiqué la provenance toutes les fois que j'ai pu. On les reconnaîtra sans peine, à leur emploi comme à leur facture : une chanson sans usage déterminé est douteuse quant à l'ancienneté; celle qui sert à la danse l'est encore, bien qu'à un degré moindre ; une chanson de tisserand, une berceuse, un air quelconque exclusivement réservé aux femmes, appartiennent presque à coup sûr au vieux fond; les chances d'importation en sont considérablement restreintes, on a conscience de leur ancienneté et la mode ne les atteint pas. A cet égard, je me permets d'attirer votre attention, Monsieur le Ministre, sur les mirologues que contient ce recueil. On a la plus grande peine à obtenir ces airs funèbres, car ils sont toujours accompagnés de larmes et de douleur réelle.

Les problèmes qui se posent à propos de ces mélodies rappellent ceux que soulève la langue grecque elle-même et ne sont en somme qu'un des côtés d'une question plus générale, celle de l'évolution de la race et de l'esprit helléniques. Il s'agit d'abord de savoir quels rapports existent entre la musique populaire des Grecs d'aujourd'hui et celle des Grecs d'autrefois. Faut-il prendre à la lettre les paroles d'Olympiodore déclarant que, de son temps (vi⁰ siècle), on possédait encore quelques traités de musique, mais qu'il ne restait aucun vestige de la musique elle-même[1], et partant admettre une création nouvelle? Avons-nous affaire au contraire à un développement ininterrompu? Un fait est établi dès maintenant, grâce aux études de M. Bourgault-Ducoudray : la plupart de ces airs modernes sont construits d'après les principes des gammes antiques. Dès

---

[1] KRUMBACHER, *Byz. Litt.*, p. 598.

lors, une disparition totale de l'ancienne musique, chez un peuple aussi conservateur que les Grecs, apparaît comme assez invraisemblable; là où le fond de la langue et des traditions est demeuré le même, le fond musical aussi a pu rester intact. Plutarque nous a transmis [1] les paroles d'une chanson dite par une femme de Lesbos comme accompagnement à la meule :

> Ἄλει, μύλη, ἄλει,
> καὶ γὰρ Πιττακὸς ἀλεῖ,
> μεγάλας Μυτιλάνας βασιλεύων.

Mouds, meule, mouds, car Pittacus aussi moud, lui qui règne sur la grande Mytilène. La meule en question est celle qu'on tourne à la main [2], la χειρομύλη [3]. Or c'est encore de cette manière qu'on moud le blé dans le nord de Chio et sans doute aussi à Mytilène; l'instrument dont on se sert s'appelle χερόμυλος, les noms de ses diverses parties sont tous grecs [4], et les femmes chantent, en moulant, des paroles comme celles-ci :

> Ἄλεθε, μύλε μ', ἄλεθε, κριθάρι καὶ σιτάρι,
> νὰ παντρευτῇ ἡ λυγερή, νὰ πάρῃ παλληκάρι.

Mouds, moulin, mouds, de l'orge et du blé, pour que se marie la svelte jeune fille, qu'elle prenne un palikare [5]. Dans de telles conditions, il n'est pas téméraire de supposer que la mélodie, elle aussi, est un reste de l'antiquité.

Mais, de même que la langue s'est accrue, durant le cours des siècles, d'une foule d'éléments étrangers, latins, slaves, turcs, italiens, de même la musique populaire grecque a dû subir, des temps anciens à nos jours, de nombreuses influences extérieures. L'infiltration turque y est manifeste, elle s'exerce encore sous nos yeux. En revanche, à l'inverse de ce qui se passe pour la langue, l'influence italienne s'y fait peu sentir, ce qui tient sans doute à la différence très marquée des deux systèmes musicaux. C'est aux musiciens qu'il appartient de porter la lumière dans l'obscurité qui

[1] PLUTARQUE, *Conv. Sept. Sapient.*, 14.
[2] ODYSSÉE, Η 104, Υ 105 et suiv.
[3] XÉNOPHON, *Cyr.*, 6, 2, 31.
[4] ἡ μυλόπετρα, la meule; ἡ παλάμη, la poignée; ὁ μουχλός, le pivot autour duquel tourne la meule; τὸ σταύρωμα, le fer qui relie la meule au pivot
[5] Cf. É. LEGRAND, *Recueil de chansons pop. gr.*, p. XXIII et 246.

résulte pour nous d'un pareil état de choses. S'ils veulent atteindre ce but, peut-être feront-ils bien de s'inspirer des procédés actuellement en usage dans les études de linguistique. L'histoire du néo-grec n'a progressé d'une façon sensible que du jour où l'on a renoncé à construire des théories sur des faits récoltés un peu au hasard et envisagés en dehors de leur milieu, pour entreprendre enfin de patientes monographies. Pareillement, ce n'est pas en recueillant des airs chantés dans les grandes villes qu'on pourra songer à préciser et à augmenter notablement maintenant nos connaissances sur l'histoire de la musique populaire grecque. Le travail préliminaire est fait, il s'agit désormais de localiser les recherches et de savoir ce qui se passe sur tel et tel point du sol grec. Plus l'endroit envisagé sera isolé, plus on aura de chances d'y trouver des renseignements intéressants. Ces investigations particulières terminées, il suffira de les rapprocher pour en voir jaillir les conclusions. Mais, pour cette étude comme pour celle des patois, il importe de se hâter; chaque jour voit disparaître un peu de l'ancien fonds.

La plupart des airs que j'ai rapportés de Chio ne correspondent qu'à un distique ou à une suite de distiques sans lien serré entre eux; on peut y adapter n'importe quelles paroles, pourvu qu'elles soient rythmées suivant les règles du vers de quinze syllabes. A quelques-uns cependant répondent des paroles fixes et d'une plus grande étendue, que j'ai cru devoir reproduire; en les faisant suivre de rapprochements qui ne visent pas à être complets et dont il serait même facile de grossir le nombre. Elles n'offrent rien d'inédit; tant de chansons populaires ont été recueillies en Grèce jusqu'à ce jour, qu'il paraît difficile d'en trouver maintenant d'inconnues. Mais, outre qu'il n'est pas superflu de posséder de nombreuses variantes d'une même chanson, il y a aussi intérêt à ne pas séparer les vers de la musique qui les accompagne. C'est malheureusement ce qu'on a presque toujours fait jusqu'ici, et l'on a privé par là d'utiles renseignements ceux qui entreprendront un jour la publication d'un *corpus* méthodique des chansons populaires grecques. Ces chansons se transmettant le plus souvent avec leurs mélodies en même temps qu'avec leurs paroles, il est clair que les unes et les autres offrent, au point de vue critique, une égale importance.

J'aurais aimé joindre à ces airs populaires la description des

danses de Chio, mais j'ai renoncé à cette étude, de peur qu'elle ne
m'écartât trop de l'objet principal de mon voyage. Il serait désirable
que quelqu'un l'entreprît sur un domaine plus étendu. Le cinéma-
tographe est devenu, je crois, un appareil assez portatif pour pou-
voir être utilisé dans ce but; les images obtenues avec lui complè-
teraient la description, comme il convient.

J'ose espérer, Monsieur le Ministre, que le présent travail, mal-
gré ses imperfections, ne vous paraîtra pas indigne de la mission
dont vous m'aviez chargé, et je vous prie d'agréer l'assurance de
mon très profond respect.

Paris, 18 novembre 1902.

Hubert Pernot.

PREMIÈRE PARTIE.

AIRS DE DANSE.

I

VIOLON.

Ces airs ont été exécutés devant le phonographe par un violoniste de la ville, dont le métier était de faire danser aux jours de fête.

Large, avec expression
1°
2°
Pressez peu à peu.
Large.
Pressez.
Rall.
Rall.   a T?
♩=104.

Rall.
Très lent, en élargissant.

2. — Ντὸ μπάλλο.

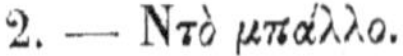

2.

3. — Συρτός.

(Πάλι μεθυσμένος εἶσαι, Κωσταντή.)

M. H. Pernot.

4. — Βουλγάρικος.

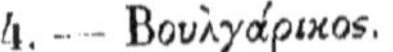

5. — Βολισσιανός (συρτός).

(Danse de Volisso.)

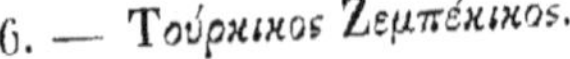
6. — Τούρκικος Ζεμπέκικος.

♩ = 124.
6.
Rall.
a T°
Rall.   a T°
f
Rall.   1°   2°

7. — Πασβάντικος.
♩ = 160.
7.
Accélérez le mouv!
1º
2º
1º
2º
1º
2º

8. — Σοῦσία.

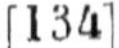

Avec sauvagerie.
Pressez le mouv!
f
1°
2°
a Tempo 1°
Rall.
a T°
1°
2°
Rall.
a Tempo 1°
f
1°
2°
Rall.

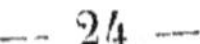

a T°.

1° 2°

Rall. Cres -

cen - do - poco a poco - 3

Cres - - cen -
f

- do - a poco a poco.

1° 2°

Rall. a T°.

1° 2°

Rall.

9. — Συρτός.

10. — Μπάλλο μαστίχα.

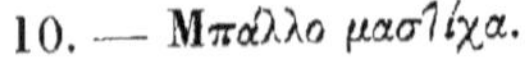

11. — Τρίπατος.

(Danse de Nènita. Comparer n° 14.)

— 28 —
[140]
Pressez.
a T?
Pressez.
a T°
= 154.
1°
2°

12. — Κάτω σ7ὸ γιαλό.

13. — Πυργούσικος.

(Danse de Pyrghi. Comparer n° 15.)

II

DANSES CHANTÉES.

A

14. — Τρίπατος.

(Danse de Nènita. Comparer n° 11.)

On fait trois pas en avant, trois pas en arrière (d'où le nom de la danse),
puis on tourne sur soi-même. Chanté par Maroùka, 4o ans.

ζω _ ή.   τρα λι λι λα
λα λα λα λα λι λι λι λι   λα,   λα λι λι λα
λι λι λα λα λι λι λι λι   λα,   λα λι λι λα
λι λι λα λα λι λι λι λι   λα λι λι λα λι λι λα λι λι λα λι λι
λα λα λι λι λα λι λι   λα,   λαι λα _ _ ϊ
λα   λα λι λα   λα   λα   λι λα λι λι λα λε
λα,   λα _ ϊ λι λι   λα λα λι λι λα λα λι λι
λα λα λι λι λα λα λι λι   λα   λα λι   λα   λα λι λι
λα,   λα _ ϊ   λι λι λα λα λι λι λα λι
λα   ϊ λι   λα λι λα λα λα λι λα λα

Χέρια ποῦ δὲν εἶδεν ἥλιος πῶς τὰ πιάνουν οἱ γιατροί,
κ' ἕνας μὲ τὸν ἄλλο λέγει πῶς δὲν εἶναι γιὰ ζωή;
Τοῦ πατέρα της τὸ χέρι ἔσφιξε σ'λὴν ἀγκαλιά,
καὶ τοῦ λέγει · « Ἄχ! πατέρα, ἐγὼ δὲθ θὰ ζήσω πιά.
— Σώπα, κόρη μου, μὴν κλαίγῃς· σκόλα, μὴν πικραίνεσαι,
κι ὀμορφη κι ἀρκόντισσά σαι, καὶ ξαναπαντρεύγεσαι. »

B

15. — Πυργούσικος.

(Danse de Pyrghi. Comparer n° 13.)

Chanté par Calliope, 23 ans.

Κάτω σ7' Ἀμπρούτσα πήαμε,
χορὸ ποῦ τὸν ἐσύραμε.
Μὰ τούονα μου τὸ σ7αυρό,
τὰ βούδια μόχω σ7ὸν Ἀτό.

Variante pour les vers 3-4 (Armòlya) :

Κόρη, σὰ σ' εὖρα σ7ὴν πηγή,
τότες ἐχόρταινα φιλί.

<h1 style="text-align:center">C</h1>

AIRS DE δετός.

16. — NÈNITA.

Chanté par une femme de 3o ans.

Ἀφκρησ7ῆτε μου νὰ δῆτε,
ὅλοι σ7όχ χορὸν κρατῆτε,
νὰ σᾶς πῶ γιὰ τὶς κουνιάδες,
τὶς παλιές μου συννυφάδες.
5 Ὅπου πᾶν κι ὅπου σ7αθοῦνε,
ἀκαμάτρα μὲ λαλοῦνε,
μὰ ἐγῶμαι προκομμένη,
εἶμαι καὶ χαριτωμένη·
ὥσπου νάμπη νάβγη ὁ χρόνος,
10 κάμνω ναν μασούριν ὀργο,

κάμνω καὶ δυὸ κουθράκια,
σὰν τοῦ ψύλλου τὰ μματάκια.
Ποῦ Θὰ πᾶ νὰ τὸδ διαστοῦμε,
νὰ τὸ περιματιαστοῦμε;
15 Μέσ᾿ στοῦ ψύλλου τὰ μματάκια,
καὶ στῆς κάτας τὰ νυχάκια.

Pour les paroles, cf. ARAVANTINOS, *Chansons épirotes*, n° 365.

17. — NÈNITA.

Τραγουδητός. — Chanté par la même.

Τραγουδητὸν ἐπιάσαμε στὸν πύργο, στὸ λιβάδι,
— Ἔλα, ἔλα μετὰ μένα, νὰ περνᾶς χαριτωμένα —
κ᾿ ἐπαίξανε τὶς μαχαιριὲς ὅλοι μικροὶ μεγάλοι.
— Ἔλα, ἔλα, σὰ σοῦ λέγω, μὴ μὲ τυραννᾶς καὶ κλαίγω.

18. — Mesta.

Chanté par une femme de 5o ans.

Σὰν ἀρρουσκήσου, μάθκια μου, θὰ νὰ σοῦ τοὺ μηνύσου,
μῆφ βουбηθῆς κήμ μάννας σου οὔτε τὸν ἀδερφός σου.

Les paroles suivantes ont été recueillies à Elýmbi, de la bouche
de Λεμονιὰ Νικόλα Μυοχάφτη, 3o ans [1] :

Σὰν ἀρρωσ7ήσω, μάθκια μου, Θὲ νὰ σοῦ τὸ μηνύσω,
νἄρτης, τριαντα φυλλένια μου, νὰ σ' ἀποχαιρετήσω.
Μῆφ βοδηθῆς τὴμ μάννα σου, μήτε τὸν ἀδερφός σου
τσ' ἔλα, τριαντα φυλλένια μου, σ7ὸν ἀγαπητικό σου.
5 Κάτσε σ7ὸ προσσεφάλιμ μου, τσαὶ πιάσ' τὴν τσεφαλήμ μου,
τσαὶ βάσ7α την, ἀγαπη μου, γιὰ νἄбγη ἡ ψυχή μου.
Ὄνταν ἔбγη ἡ ψυχή [2], κάτσε σαбάνωσέ με,
τσ' ἄνοιξε τὸ σεντούτσιμ μου, τσ' ὀμορφοσ7όλισέ με.

<hr>

[1] Afin de ne compliquer ni l'impression ni la lecture de ce texte et de ceux
qui suivront, j'ai renoncé à l'emploi de caractères spéciaux pour marquer les
prononciations locales, que j'étudierai ailleurs. Ces textes ne sauraient donc
être considérés comme des documents phonétiques rigoureusement exacts.

[2] Il manque une syllabe à cet hémistiche.

Τσ'ὅνταν ἀκούσῃς τὸν παπᾶ στὴ σκάλα τσ'ἀνεβαίννει,
10   τσαὶ φώναξε τῆς μάννας μου· «ὁ Χάρος μᾶς τὸν παίρει.»
Τσ'ὄντα θὰ μὲ σηκώσουνε τέσσερα παλληκάρια,
τότες σ'ἀποχωρίντζομαι, ἀγάπη μου καθάρια.
Τσ'ὄντα μὲ πᾶς στὴν ἐκκλησιά, τσ'ἄψουν τσαὶ τὰ τσεριά μου,
τότες σ'ἀποχωρίντζομαι, ἀγάπη καθριατσά μου.
15   Τσ'ὄμορφα νὰ μὲ κλάψετε, νὰ μὴς σᾶς νεγελάσου,
γιατὶ θὲ νάρτουν ἄρχοντες ἀπὲ μακρειὰ νὰ κλάψου.
Τσαὶ πήγαιννε στὸ σπίτιμ μας, νάρτουν τἀννιάμερά μου,
νὰ κάμουν τὰ μνημόσυνα, νὰ φᾶς τὰ κόλλυβά μου.

19. — KALAMOTI.

Κωλοσυρτός. — Chanté par une femme de 25 ans.

Ὅσοι τσ'ἂν εἴμεσλεν ἐδώ, λεύτεροι, παντρεμένοι,
τσ'ἀπὸ τσαιροῦ χαρούμενοι τσαὶ καλοκαδρισμένοι.

20. — MESTA.

Chanté par une femme de 5o ans.

Γιὰ δὲ δουλειὰν ὁποῦπαθα μ' ἕναν κακὸλ λε6έγκη,
6ραδὺ ταχὺ στοὺ σπίκιμ μας θκι ὼς καὶ τὸ μεσημέρι,
μὰ θὰ θυμώσου μιὰ 6ραδιά, κὴν πόρταν νὰ σφαλίξου,
νὰ 6άλ' ἁγιώς μου κλειδαριά, 6ασιλικὸμ παράγκι,
γιὰ νάκουσκῇ γὴ ἀγάπη μας, στοὺν κόσμου δὲν ἐν' ἄλλη.

21. — MESTA.

Chanté par la même femme.

Ἀνάθεμάς σε, μάννα μου, τσαὶ τοὺς γαμπροὺς ποῦ πῆρες·
τρεῖς ἀδερφάδες ἤμαστε τσ' οἱ τρεῖς θεμέλια μπῆκα·
ἡ μιὰχτισεν τοὺ Γαλατᾶ τσ' ἡ ἄλλη τοὺ γιουφύρι
τσ' ἐγὼ τοὺ κακουρρίζικου τῆς Τρίχας τὸ γιουφύρι.

Pour les paroles, voir Passow, *Pop. carm.*, p. 388 et suivantes.

D

AIRS DE σμιχτός.

22. — AMÀDES.

Chanté par une femme de 23 ans.

Βασιλικέ μου κατσαρέ, γυόσμε μου μυρωδάτε,
καὶ πράσινε

    — βρ' ἀμὰν ἀμά,

      ρούδι, γιρέφαλο τοῦ μά,

καὶ πράσινέ μου μενεξέ, ὁ κόσμος σὲ δηᾶται.

23. — AMLDES.

Chanté par la même femme.

Ἤνοιξεν ἡ καρδούλα μου, κ' ἐγίνην περιβόλι,
κ' ἤβγε βασι

— βρ' ἀμάν ἀμά,
ρούδι, γαρέφαλο τοῦ μά —
κ' ἤβγε βασιλικὸς μπαξές, καὶ τὴ ζουλεύγουν ὅλοι.

24. — KAMBYA.

Chanté par un homme de 20 ans.

Ἀγιά μου Κυριακίτσα μου, ποῦ στέκεις μέσ' στὸ δρόμο,
καλλιάχω γὼ τὴχ χάρη σου παρὰ τὸν κόσμον ὅλο.

25. — Màrmaro.

Chanté par une femme de 16 ans.

Κάτω σ7ὸν Ἅγιο Σίδερο – σ7ὸν Ἅγιο, Παναγιά μου – σ7ὸν Ἅγιο Κωσ7αντῖνο,
μαξεύγουνται, σωριάξουνται — τοῦ κόσμου, Παναγιά μου — τοῦ κόσμου
[γοἱ ἀντρειωμένοι.

Quelques vers de cette chanson m'ont été dits, à Mesta, par le
vieux Làzi, 96 ans :

Μουνιάξουνται, σσυνάσσουνται τοῦ κόσμου γοἱ ἀντρειουμένοι,
νὰ σ7ήσουν πύργου σίδερου, νάμπου νὰ φυλαχτοῦνε.
Ἀφ'τόπους παίρνουν τοὺ νερὺ κι ἀφ' τοῦ Μουριὰν τοὺ χῶμα,
κι ἀφ' τὴν Κωσ7αντινούπουλη παίρνουν τοὺ κεραμίδι.

Voir Kanellakis, Χιακὰ Ἀναλ., p. 41.

26. — AMADES.

Chanté par une femme de 23 ans.

Ἐγῶμ' ὁνοῦ ψαρὰ παιδί,
γαλανομμάτα καὶ σγουρή,
τοῦ πρώτου καμακιάρη,
μιὰ χαρὰ κ' ἕναν καμάρι·
5 παίρνω τὸ καμακάκιμ μου,
νὰ σὲ χαρῶ, πουλλάκιμ μου.

καὶ πάγω νὰ ψαρέψω,
μαῦρα μάτια νὰ γυρέψω.
Στὴν πρώτη μου τὴν καμακιά,
10   ἔλα, Χριστὲ καὶ Παναγιά,
ἥπιασα τριὰ ψαράκια,
θέλ' ὁ Θεὸς κ' ἧτα λαβράκια,
καὶ σκίζω τὴν κοιλίτσα τους,
νὰ καῇ ἡ καρδίτσα τους,
15   καὶ βγάζω τρεῖς κοπέλλες,
τρεῖς γαροφαλιὲς καὶ βιόλλες
[Ἡ] μιᾶταν ἀφ' τὸ Γαλατᾶ,
βάσ]α τὸν νοῦμ μου δυνατά,
κι ἄλλη ἀφ' τὸ Νιοχώρι,
20   τοῦ Χατζημανόλη κόρη,
κ' ἡ πιὸ μικρὴ μικρότερη
ἦταν ἡ πιὸ μορφότερη,
κ' ἦταν ἀπὸ τὴν Πόλη,
καὶ τὴν ἀγαποῦσαν ὅλοι.
25   ποῦ τὴν ἀγάπησα κ' ἐγώ,
καὶ δὲν ἠξέρω τί θὰ πῶ.
Ἤθελα νὰ πὰ τὴν εὕρω,
μὰ τὴ σ]ράτα δὲν ἠξεύρω·
παίρνω τὴ σ]ράτα τὸ σ]ρατί,
30   βάσ]α, καρδιά μου, δυνατή,
σ]ρατὶ τὸ μονοπάτι,
βάσανα πὄχ' ἡ ἀγάπη·
τὸ μονοπάτι μ' ἔβγαλε,
σ]ῆς κόρης ποῦ μὲ τρέλλανε,
35   σ]ῆς ἀγαπῶς τὴν πόρτα,
ποῦ τὴν ἤξερ' ἀφ' τὰ πρῶτα.
Βρίσκω τὴν πόρτα σφαλισ]ή,
[βάσ]α, καρδιά μου, δυνατή,]
καὶ τὰ κλειδιὰ παρμένα,
40   πὰλ' ἀλλοίμονο σ' ἐμένα!
Καὶ τοὺς γειτόνους ἀρωτῶ·
« Δὲν εἴδετε τὴν ἀγαπῶ;
— Μεσᾶν' ἐκεῖ καὶ κοιμᾶται,
καὶ γιὰ σένα συλλογᾶται. »

Pour les paroles, cf. JEANNARÀKI, *Chansons crétoises*, p. 114; ARAVANTINOS, *Chansons épirotes*, p. 170, n° 257; KOKKINÀKIS, Πανελλήνιος Ἀνθολ., Athènes, 1899, p. 862; KANELLÀKIS, Χιακὰ Ἀνάλ., p. 189.

27. — Vìkı.

Chanté par une femme de 28 ans.

Τᾶη Γιωργιοῦ τὴ βραϋνὴ τσαὶ τὴν παραμονήν του,
καράϐιν ἐτσιντύνευγεν ἀνάμεσα πελάου ·
εἶχεν τσαὶ Τούρκους τσαὶ Ρωμιοὺς τσ' Ὀϐριὸν καραϐοκύρη.
Ὄλλε δοξάζζαν τὸθ Θεό, τσ' Ὀϐριὸς τὸν ἀη Γιώργη ·
5 «Ἄγιε μου Γιώργη, σῶσε με κ' ἐμὲν τούτην τὴν ὥρα,
νὰ Φέρν' ἀμάξιν τὸ τσερὶ τσ' ἀμάξιν τὸ λιϐάνι,
μὲ τὸ βουϐαλοτούλουμο νὰ κουϐαλῶ τὸ λάι. »
Ἡ Θάλασσα ταπείνωνε τσ' Ὀϐριὸς ἐμετανόα ·
«Ποῦ ναῦρ' ἀμάξιν τὸ τσερὶ τσ' ἀμάξιν τὸ λιϐάνι,
10 μὲ τὸ βουϐαλοτούλουμο νὰ κουϐαλῶ τὸ λάι;
Ἔχετ', Ἄη, τὰς χάρες σας τσ' ἐγὼ τὰ τάμματά μου. »
Σπιλλάδα τούρτεν ἀπ' ὀμπρός, σπιλλάδα τσ' ἀπὸ πίσω,
σπιλλάδα τσ' ἀφ' τὰ δυὸ πλευρὰ σ]ὸ Φοῦντος τὸν ἐροίξε.

Pour les paroles, cf. Jeannaràki, *Chansons crétoises*, p. 115.

28. — VOLISSO.

Chanté par Anastasie, 17 ans.

Ἄρκισε, γλῶσσα μου γλυκειά, τραγούδια νάραδιάσῃς.
— Παπορού μου, Παπορού μου,
  σὺ μοῦ τρέλλανες τὸ νοῦ μου —
τοὺς ὀμορφους ἀφ' τὰ ψηλὰ νὰ μοῦ τοὺς κατηβάσῃς,
— τὸ σταφύλ' ἀθθεῖ καὶ δέννει,
  κ' ἡ ἀγάπη μας πληθαίννει.

29. — Volisso.

Chanté par Anastasie, 17 ans.

« Ζουρλάθηκα, μαννοῦλα μου,
γιὰ μιὰ γειτονοποῦλα μου ·
σύρε, μάννα, καὶ πέ της το,
γλυκοκουβέντιασέ της το.

5 — Μετὰ χαρᾶς σου, γιούκα μου,
νὰ πάρω καὶ τὴρ ρόκα μου. »
Παίρνει τὴρ ρόκαν της καὶ πά,
βρίσκει τὴν κόρη καὶ κεντᾷ.
« Ὦρα καλή σου, λυγερή.

10 — Καλῶς τὴμ μάννα τὴ χρυσή. »
Σκύβγει, φιλεῖ τὸ χέριν της,
καθίζει σ‘ὸ μεντέριν της.

« Κόρη μ', ὁ γιός μου σ' ἀγαπεῖ,
ἐντρέπεται νὰ σοῦ τὸ 'πῇ·
15   — Σὰ μ' ἀγαπᾷ κ' ἐντρέπεται,
σ'τὸ σπίτιμ μας γιατ' ἔρκεται;
Γιὰ πές του νἄρτῃ τὸ πρωΐ,
νὰ πιοῦμε τὸν καφὲ μαζί,
καὶ νἄρτῃ κ' ἡ Κατερινιώ,
20   νὰ φέρῃ τὸν καλὸ γαμπρό. »
Γιὰ σ'ρώσετε τὸγ γάδαρο,
νὰ πάμεν εἰς τὸμ Μάναγρο,
νὰ φέρωμεν κουντουριδιές,
νὰ μῆμ μαλλώνουμ πλιὰ οἱ γριές.

Comparer Aravantinos, *Chansons épirotes*, page 152, n° 223.

30. — Volisso.

Chanté par Anastasie, 17 ans.

Ἄρχισε, γλῶσσα μου γλυκειά,
τὴ Βολισσὸ νὰ τὴν παινᾷς,
ποῦναι μικρὴ κομμάτι,
κι ὅλο χάρες εἴγ' γεμάτη.

31. — Volisso.

Chanté par une femme de 32 ans.

Δυὸ ψαράχια στὸ ταλάνι,
τὸνομά σου λένε Γιάννη.

32. — Anàvatos.

Τραγούδι τῆς λυγερῆς. — Chanté par un chœur de femmes.

VERSION PARLÉE.

Γιὰ χορέψετε, κοπέλες,
ὥσ7ε νὰ βγῇ τὸ φεγγάρι,
καὶ σὰν ἔϐγῃ τὸ φεγγάρι,
κάτω σ7ὸ γιαλὸν μπλεγμένες,
5 τὰ δισάκια Φορτωμένες,
τὰ παιδιὰ νεκομπωμένες.

Cette chanson, disent les habitants d'Anàvatos, a été composée en souvenir d'une jeune fille enlevée par les Turcs, au milieu de la danse, puis tuée par eux. Je n'en ai recueilli que les premiers vers.

E

AIRS DE διπλός.

33. — Pyrghi.

Chanté par Calliope, 23 ans.

Ἀνάθεμα πολλοὺς γονιοὺς τσαὶ μεριτσὲς μανάδες,
ὁποῦ παντρεύ3ουν τὰς μικρὲς τσ' ἀΦίννουν τὰς μοάλες.

M. H. Pernot.

34. — Pyrghi.

Chanté par Calliope, 23 ans.

Ἀνίσως καὶ μ᾽ ἀπαρνησθῇς καὶ κάμῃς ἄλλο ταίρι,
— ἀγάπη μ᾽, ἄνταν ἔρκεσαι,
σὰν ἄντζελος μοῦ φαίνεσαι —
παροξυσμὸς νὰ σὲ κρατῇ, χειμῶναν καλοκαίρι.
— μπαρμπούνι μου θαλασσινό,
πρύμα τὸν ἔχεις τὸν καιρό.

35. — Pyrghi.

Chanté par Calliope, 23 ans.

Νὰ τραβουδήσω θῶ τσ' ἐδῶ τραβούδια στὸν ἀγέρα,
νὰ πάψουνε τὰ βάσανα μιὰν ὥρα πὲ τὰ μένα.

4.

36. — Pyrghi.

Chanté par la même. Comparer nᵒˢ 37 et 38.

Ἄρχισε, γλῶσσα μ᾽, ἄρχισε, τραγούδια νάραδιάσης,
τὸν ἔρωτα μὲ τὸ σπαθὶν νὰ τόνε κομματιάσης.

37. — Pyrghi.

Chanté par la même. Comparer nᵒˢ 36 et 38.

Χρουσὴ τὴν εἶδα ψὲ βραδύ, μάννα, νὰ μοῦ τὴν πάρης.

Version dite à Pyrghi par Marou, 3o ans :

« Ξαθθὴν τὴν εἶδα ψὲ βραὺ, μάννα, νὰ μοῦ τὴν πάρῃς.
— Ἂν εἶναι, γιέ μου, ἀρκόντισσα, γυναῖκα νὰ τὴν πάρῃς.
— Μάννα, χρουζοὺς βελιοὺς φορεῖ τσ᾽ ὁλόχρουζογ γατάνι,.
λάμπει τσαὶ τὸ τραχήλιν της ἀπ᾽ τὸ μαργαριτάρι,
5   λάμπουν τσαὶ τὰ χεράτσα της ἀπὲ τὰ βραχολλάτσα,
λάμπουν τσαὶ τὰ δαχτύλια της ἀπὲ τὰ δαχτυλίδια.
— Ἂν ἔναι, γιέ μου, φτὸ ποὺ λές, Θοῦμεν προξενητάδες,
Θοῦμεν τοὺς δώδεκα ἄρκοντες, τοὺς δεκυχτὼ πασάδες
τσαὶ τὸν ἀφέντην τῇβ Βλαχιᾶς μ᾽ ὅλην του τὴν ἀρμάδα. »
10 Ἑκάμαν εἰς τὴν πόρταν της χρόνον τσαὶ πέντε μῆνες,
τσαὶ μέσα τὸ πεντάμηνον ἡ σκλάβα της προβαίλλει.
« Τσεράτσα, εἰς τὴν πόρταμ μας πολλὺχ χουσσάτο σλέτσει.
— Ἂν ἤρτανε γιὰ φὰ ἢ γιὰ πιεῖν, τραπέζζι ναι σλρωμένον,
ἂν ἤρτανε γιὰ προξενιὰν νὰ φεύγουν νὰ δγιαβέννου.
15 — Ὁ Χαρζιανὴς μᾶς ἤσλειλεν τῇβ βάγιας σας νὰ πάρῃ.
— Δύνεται πέτραν πελεκᾷ νὰ χτίζζῃ περιόλι,
τσαὶ τάποπελετσίδια της πύργον νὰ Θεμελιώσῃ,
νὰ σπείρῃ τσαὶ τῇθ Θάλασσα σιτάριν τσαὶ κλιθάρι,
τσαὶ μέσ᾽ σλῆμ μέσην τοῦ γιαλοῦ τἀλώνιν του νὰ κάμῃ,
20 νὰ σλέτσῃ τσαὶ τὴν πέδρικα μὲ τὸναν της ποάρι,
νὰ κάῃ τσαὶ μὲ τἄλλο της τρικάταρτον καράι,
τότες ἰννάι τσαὶ πάλιν ναί, τότες ἰνναὶ τσαὶ πάλι,
τῇδ δοῦλαμ μου τὴν περιχνὴ γυναῖκαν νὰ τὴν πάρῃ. »
Δυὸ μάϊσσες τοῦ ἀπαντοῦμ μέσα σλὸ σλαυροδρόμι,
25 ὀσάξερεν ἡ μάννα της δὲν ἤξερεν ἡ κόρη.
« Βλέπεις τομ, μάννα, φτὸν τὸν νιὸ τσ᾽ εὐτὸ τὸ παλληκάρι;
μεδ᾽ ἀς τὸν ἥλιον ἐχ χλωμός, μεδ᾽ ἀς τὸν ἥλιομ μαῦρος·
γιὰ μιὰ ξαθθή, γιὰ μιὰ σγουρή, γιὰ μιὰ παιχνιδομμάτα.
Ἔϊντα μοῦ δίεις, Χαρζιανή, ὑναῖκαν νὰ τὴν πάρῃς.
3ο — Δίω σου πύργομ μὲ φλουρὶ τσαὶ πύργομ μ᾽ ἀλοάρι,
δίω σου τσαὶ τὸμ μαῦρομ μου τσαὶ καβαλλίτσεψέ το.
— Δίεις μου τὸ ζζωνάρις σου τὸ μεταξοππλεμένο,
ποῦ σοῦ τὸ πλέξαεχ, Χαρζιανή, χρόνουδ δεκατεσσάρους; »
Ἐβγάλλει το τσαὶ δίει το μετὰ καμένα χείλη.
35 « Ξύρισε τυ μουσλάτσις σου, βάλε γυναίτσα ῥοῦχα,
τσαὶ πάρε τσαὶ τὴρ ῥόκκα σου τσ᾽ ἄμε σλὴγ γειτονιαν της·
ῥώτησε τσ᾽ ἀπορώτησε πῶς λένε τὴγ γενιάν της. »
« Ποῦ ἔν᾽ ἐὼ ἡ Ἀρετή, ἡ Ἀρετοππλουμισμένη,
ὅπου τὴλ λέγει ὁ βασιλὲς ἐγκόρφιν καωμένη,
4ο τσ᾽ ἔχει τὴ τσ᾽ ἡ βασίλισσα χρουσὸ σλαυρὸν ἐμπρός της;
— Ποιὸς ἔν᾽ ἐὼ ποῦ μὲ ζητᾷ, ποιὸς ἔν᾽ ποῦ μὲ γυρεύγει;

— Ἐὼ ἡ ἀξαέρφη σου, ἡ πολλοθθυμηθοῦ σου (?)
— Ἄμπως εἶσ' ἀξαέρφη μου, ἔλα νὰ τσερασ]οῦμε. »
Ἐτσεῖ σ]ὸ φᾶν ἐτσεῖ σ]ὸ πιεῖ, περνᾷ να περισ]έρι.

45   « Βλέπεις τον, ἀξαέρφη μου, νεύτὸ τὸ περισ]έρι,
ὁ Χαρζιανὴς σοῦ τόσ]ειλε, γιὰ νὰ τὸ κάμῃς ταίρι.
— Νᾶξερα τσ' ἔν' τοῦ Χαρζιανὴ νεύτὸ τὸ περισ]έρι,
ἀς τὴφ φτερούγαν τόππιανα τσαὶ ξετσιλλίριζζά το.
— Εἶντα ἔχεις, ἀξαέρφη μου, τσαὶ βαρυανεσ]ενάζεις;

50   — Βλέπω τὸν ἥλιον πῶς βουλλᾷ τσαὶ τὸ φεγγάριν κλίνει,
τσ' ἐμόναν τὸ κορμάτσιμ μου νάπόψε ποῦ θὰ μείνῃ;
— Ἐλάσ]ε, βάγιες, σ]ρώσετε τὴν ἀργυρήμ μου κλίνη,
τσαὶ νάρτη ἀξαέρφη μου νάντάα μου νὰ μείνῃ. »
Τὴν νύχταν τὰ μεσάνυχτα νὴ κόρη δαιμονίσ]η.

55   « Ἀπόψε πράσα πράσευγα, τσ' ἀπόψε πρασολόγου,
τὸν τσεντητόμ μου χαμοχᾶν ἀπόψε τὸν ἐφόρου.
Ξύπνησε, μάννα, ξύπνησε, ξύπνα, κατσαρουφιάνα,
ποῦ μούαλες τὸχ Χαρζιανή, τσαὶ μείναεν ἀντάμα.
— Ἄμπως εἶν' τσ' ἔν' ὁ Χαρζιανής, πέ του νὰ βλοηθῆτε.

60   — Τοῦο τοῦ λέω, μά, τσ' ἐώ, μὰ δὲμ μ' ἀπηλοᾶται.
« Σὲ κάθα χώραν εἶχα μιά, σὲ κάθα πόλην πέντε,
τσαὶ σ]ὴν Κωσ]αντινόπολην εἶχα σαράντα πέντε. »

Cf. É. Legrand, *Recueil de chansons pop. gr.*, 1874 (Monuments, nouv. série, I), p. 306 et suiv.

38. — Pyrghi.

Chanté par Hadzi, 25 ans. Comparer n°s 36 et 37.

Σὲ τουτηνὰ τὴ γειτονιά πρέπουν οἱ πατουννάδες,
πὄχει κορίτσια ὄμορφα καὶ γνωσ]ικὲς μαννάδες.

39. — PYRGHI.

Καλαμωτούσικος. — Chanté par Calliope. 23 ans.

Κανέλλα τσ' ἐμπαχάριμ μου,
σ' ἐσέν' ἔχω τὰ θάρρη μου.
Ἀνάθεμα τὸν ἔρωτα τσαὶ ποῦ τὸν κάμνει φίλο,
— ἐν ἐν' ἐδῶ, δὲθ φαίνεται,
ποῦ τραβουδῶ νὰ χαίρεται —
[τσαὶ] πυῦ τὸν ἐμπισθεύγεται τὸν ἄνεμο τὸ σκύλλο,
— ἀνάθεμαν, ἀνάθεμαν
τὴν ὥρα ποῦ σὲ μάθαινα.

40. — PYRGHI.

Ἀκαμάτικος. — Chanté par la même.

♩ = 58.

Ὄλλος ὁ κόσμος εἰν' ὀχτροὶ κι ὁ ἥλιον νταβαζζής μου,
καὶ τὸ φεγγάριμ μάρτυρας πῶς μ' ἀγαπᾷς, πουλίμ μου.

F

AIRS DE συρτός.

41. — Pyrghi.

Γιαρούμπι. — Chanté par la même.

Cette chanson a été récemment importée de Smyrne. Une version (piano et chant) a été publiée à Athènes par D. Lavrìdis.

Γιαρούμπι, γιαρούμπι, γιαρούμπι, ρούμπι·
ἔχεις γάμπα, τὶκ ἒ τὶκ ἒ σπάσ' τα,
ἔχεις γάμπα, τὰ ποτήρια σπάσ' τα,
βάϊ βά νάμά.

G

AIRS DIVERS [1].

42. — Màrmaro.

Chanté par le fils de C. Màvris, 20 ans.

[1] J'ai rangé sous ce titre un certain nombre d'airs de danse dont je ne
connais pas l'emploi d'une façon précise. La plupart d'entre eux m'ont été
chantés sous le nom de ἀποκριάτικος, *chanson de carnaval*, et rentrent sans
doute dans les catégories précédentes.

Τί νὰ κάνω γὼ λιγνὸς
μὲ μιὰ κακειὰ γυναῖκα;
Ὅλη μέρα θέριζζα
ὅλο βοριὰ καὶ νότα,
καὶ τὸ βράδυ τόδενα
μ' ἕνα κλωνὶ χορτάρι.

Pour les paroles, voir KANELLAKIS, Χιακὰ Ἀνάλ., p. 86.

43. — MÀRMARO.

Chanté par le fils de C. Màvris, 20 ans.

Τοῦτες οἱ μέρες ἔχουν το, τοῦτες οἱ ἑβδομάδες,
κι ὁπόχει φίλον κράζει τον, κι ὁπόδικὸν καλεῖ τον,
καὶ ξένον ἀπ' τὴ ξενιτειὰ παντέχει τον γιὰ νάρτη.
Πάντα ν' οἱ πόρτες ἀνοιχτὲς κ' οἱ τράπεζες σ⁊ρωμένες
καὶ τὰ φανάρι' ἀφτούμενα, νὰ δοῦν οἱ ξένοι νάρτουν.

Pour les paroles, cf. KANELLAKIS, Χιακὰ Ἀνάλ., p. 195.

44. — MÀRMARO.

Chanté par le fils de C. Màvris, 20 ans.

Cette chanson est très connue en Grèce. On en trouve les paroles
dans la plupart des anthologies.

Κάτω σʹὸ γιαλό, κάτω σʹὸ περιγιάλι,
κάτω σʹὸ γιαλό, κοντή,
νεραζζοῦλα φουντωτή,
πλύνου Χιώτισσες, πλύνουν παπαδοποῦλες,
πλύνου Χιώτισσες, κοντή,
νεραζζοῦλα φουντωτή.

45. — MÀRMARO.

Chanté par une femme de 60 ans.

Ἀπάνω σʹὸν ἀσπάλαθρον χουντᾷ ἡ γριὰ τὸγ γέρον,
κι ὁ γέρος ἐγχυλλώνετον κʹ ἡ γριὰ τὸ χαμογέλα.

46. — Anàvatos.

Chanté par une femme de 38 ans.

Μάννα, μὲ τὶς ἐννιά σου γιούς, τὴ μιὰ τὴ θυγατέρα,
μάννα, γιὰ τὴν παντρέψωμε τὴν Ἀρετοῦ στὰ ξένα, βρὲ Δῆμο.

Les paroles de cette chanson sont celles de la *Ballade de Lénore*, Passow, *Pop. carm.*, n° 517; cf. Jean Psichari, *La Ballade de Lénore en Grèce* (*Rev. hist. des rel.*, IX, 1884, p. 27-64), et Politis. Τὸ δημοτικὸν ᾆσμα περὶ τοῦ νεκροῦ ἀδελφοῦ (Δελτίον, II, 1885, p. 193-261, 552-557).

47. — Volisso.

Chanté par une femme de 32 ans.

Μιὰν παρασκευγὴ τὸ βράδυ,
φεύγω, πάγω σ]ὸ παζζάρι,
νὰ πχιωνίσω κριὰs καὶ ψάρι.
Βρίσκω μιὰν παλιοκακκάρα,
5   βιλλω τὴμ μὲσ᾽ σ]ὴ τσουκκάλα·
πέντε μέρεs ἐψηυνά τη,
κ᾽ εἰs τὲs ἔξι ξέΦριζζά τη,
σ]ὲs ἐΦτὰ ἐλατιζζά τη,
σ]ὲs ὀχτὼ ἐκενωννά τη.
10   Πὰ τσαὶ τοῦ παπᾶ ὁ σ]ύλλοs,
σὰν καλὸs κουμπάροs Φίλλοs,
[τσαὶ] παίρνει μου τὴν κακκάρα
ἀπὸ μέσ᾽ ἀΦ᾽ τὴ τσουκκάλα.

Cf. Kanellàkis, Χιακὰ Ἀνάλ., p. 203.

48. — Kambya[1].

Chanté par un homme de 20 ans.

[1] Voir H. Pernot, En pays turc, L'ile de Chio, Paris, Maisonneuve, 1903, p. 113 et suiv.

Ὅλα τὰ κάσ7ρ' ἐπῆγα, κάσ7ρ' ἐγύρισα,
σὰν τῆς Ἑϐριᾶς τὸ κάσ7ρο, κάσ7ρο δὲν εἶδα·
γύρου τριγύρου ἀσσήμι κι ὅλομ μάλαμμα,
Τοῦρκοι τὸ τριγυρίζζου χρόνους δώδεκα
5   κι ἄλλους δεκατεσσάρους οἱ Σαρακηνοί.
Καὶ μιᾶς Ὁϐριᾶς κουλλούκι, μάϊσσας παιδί,
τὸν πύργον τριγυρίζζει, κλαί καὶ δέρνεται·
«Ἀννοιξετέ μου νάμπω τὸϐ βαρειόμοιρο,
πούμαι καὶ γγασ7ρωμένο κι ὀτοιμόγεννο.»
10 Ὅσο νὰ καλονοίξου, χίλι' ἐμπήκανε,
κι ὤσ7' ὰ καλοσϐαλίσου, (τὸ) κάσ7ρο γέμισε.
Κ' ἡ κόρη ποὺ [1] τὸ κάσ7ρο ἔξω γκρέμισε·
οὔτε σὲ πέτρα δῶκεν οὔτ' εἰς μάρμαρο,
μόνο σ' ἀγούρ' ἀγκάλες πῆεν κ' ἔππεσε.

49. — KÈRAMOS.

Chanté par une femme de 40 ans.

[1] V. 12, ποὺ = ποὖχε. — Au vers 13, le chanteur a dit οὔτε σὲ μάρμαρο. Les vers 13 et 14 peuvent être remplacés par :

Μυριολογᾶ καὶ λέγει· «Πύργε μου φονιά,
ἀδ δὲ σὲ κατηϐάσω κάτω σ7ὸμ Μωριά,
νὰ σὲ πατοῦν οἱ ναῦτες (καὶ) τὰ μωρὰ παιδιά.»

Πέντε ποντικοὶ βαρβάτοι
ἐκουνοῦσαν τὸ κρεββάτι,
κι ἄλλοι τρεῖς οἱ καημένοι
τὸ βόλευγαν οἱ καημένοι.

Pour les paroles, voir KANELLÀKIS, Χιακὰ Ἀναλ., p. 61. Une variante des premiers vers de cette chanson est dite par le Péloponésien, dans la Βαβυλωνία de Byzàntios (1836), acte I, sc. 6.

50. — ANÀVATOS.

Chanté par un chœur de femmes.

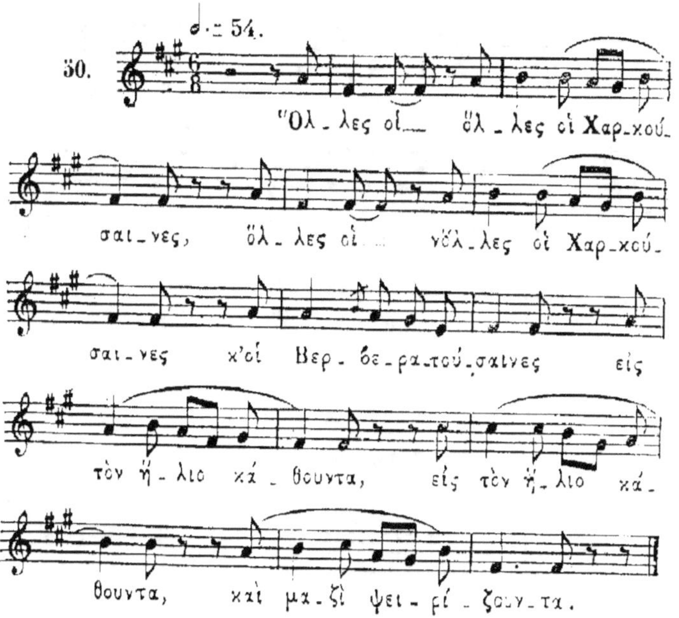

Ὄλλες οἱ Χαρκούσαινες
κ' οἱ Βερβερατούσαινες
εἰς τὸν ἥλιο κάθουντα
καὶ (μαζὶ) ψειρίζουντα.

Les paroles qui suivent ces quatre vers sont grivoises. Le vers 4 offre une variante pour les deux syllabes entre parenthèses.

51. — Lithi.

Chanté par une femme de 85 ans. Comparer n° 72.

Ὀπὄχει φίλον κράζει το, πὄχει ἐδικὸν καλεῖ το,
κι ὀπὄχει γιὸ στὴν ξενιτειὰ γραφὴ τοῦ στέλλει νάρτη.

52. — Pyrghi.

Chanté par Kali l'aveugle, 40 ans.

Τρι᾽ ἀέρκια σύρν᾽ ὁ ποταμός, τρι᾽ ἀέρκια κατηβάζζει·
[τσαὶ] τσεῖ ποῦ τὰ κατήβαζζεν ἁγιόκκλημαν ἐβγάλλει·
κάμνει σ7αφύλιν κότσινο, κάμνει κρασὶμ μοσκάτο,
τσ᾽ ὅσες μαννάδε τσ᾽ ἀν τὸ πιοῦν εὐκῶνται τῶν παιδιῶν το.
5 [Τσαὶ] μιὰ μάννα, κατσιμάννα, τοῦ γιοῦ της καταρᾶται·
« Ἀν πάς, γιέ μου, μὲ κάτερκα, τσ᾽ ἀν πὰ τσαὶ μὲ καράβια,
ὅλλοι νὰ πὰ τσαὶ νάρτουνε τσ᾽ ἐσὺ νὰ μὴγ γυρίης. »
Ὅλλοι ἐπῆχν τσ᾽ ἥρτανε τσ᾽ ὁ γιότ της δὲν ἐφάνη.
Φεύγει νὰ πὰ τοὺς ἐρωτᾷ, Φεύγει νὰ πὰ τῶλ λέει·
10 « Ναῦτες μου, παλληκάρια μου, ἔδετε τὸν υόμ μου;
— [Ἐ] ψὲ βραὺ τὸν εἴαμεν, πολλὰ βραδὺ ἐν ἦτο,
τσ᾽ εἶχεν τὴν ἄμμον πάπλωμα, τὴθ θάλασσαν σεντόνι,
τὰ χοχλακάτσα τοῦ γιαλοῦ εἶχεν προσσεφαλάτσι,
μαῦρα πουλλιὰ τὸν τρώουνε τσ᾽ ἄσπρα τὸν τριυρίζζου,
15 τσ᾽ ἔναν καλὸμ μαῦρον πουλλὶ δὲν ἤθελεν νὰ φάη.
— Φάε τσ᾽ ἐσύ, καλλὸν πουλλίν, τοῦ λιουταριοῦ συκώτι,
νὰ θρέψης πήχην τὸ φτερὸ τσαὶ πιθαμὴν τὴν πέννα,
νὰ γράφης τὰ πεισματικὰ τῆς μάννας ποῦ σ᾽ ἐγέννα. »

53. — Kini.

Chanté par un chœur de jeunes filles.

Μᾶς πήραιε τὰ γιοῦρα, μᾶς πήρχνε,
ἐ μανέ, πὲς το, μάτια μου, τὸ ναί.

54. — Pyrghi.

Chanté par Calliope, 23 ans.

Λέγου μου· «Γιὰ τραβούδησε.» Μάντα νὰ τραβουδήσω,
πόν' ἡ καδριά

— βρ' ἀμὰν ἀμά,
triανταφυλλάκι μου τοῦ μά ...
πόν' ἡ καδριά μου Θλιβερή.

55. — Pyrghi.

Chanté par Calliope, 23 ans.

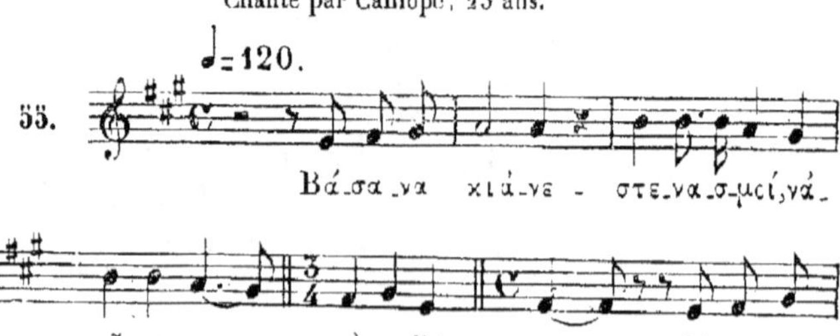

Βάσανα κι ἀνεστενασμοί, ἀφῆτε με νὰ ζήσω
[τοῦτον τὸ λίγο τὸν καιρὸ ποῦ βρῆκα νάγαπήσω] [1].

56. — VRONDÀDO.

Chanté par une femme de 19 ans, bonne à la ville.

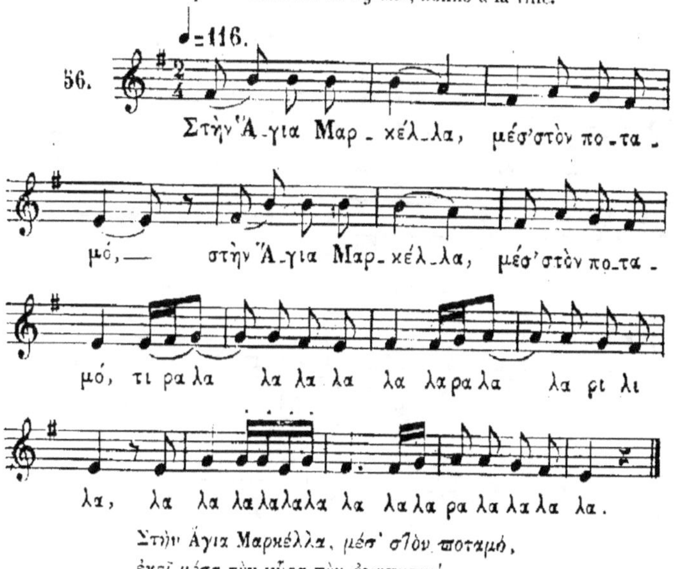

Στὴν Ἅγια Μαρκέλλα, μέσ' στὸν ποταμό,
ἐκεῖ μέσα τὸν ηὖρα τὸν ἀγαπητικό.

57. — ELỲMBI.

Chanté par Fròso, 28 ans.

Μιᾶς χήρας γιὸ· δὲν ἐμπορεῖ τσαὶ λὲ πῶς ἀπεθαίνει,
ἡ μάννα του τὸν ἀρωτᾷ τσ'ἡ μάννα του τοῦ λέγει·

«Γιὰ πέ μου, γιέ μου, ποῦ πονεῖς, τσ᾽ ἐγὼ γιατρὸς γιὰ σένα.
— Μάννα μου, τὴν καδριὰν πονῶ, τσαὶ γιατρεμὸδ δὲν ἔχω·
5   Φέρε τὴν κόρην π᾽ ἀγαπῶ τσαὶ τσείν᾽ εἶν᾽ ὁ γιατρός μου.»
Φεύγει τσαὶ πὰ τσαὶ βρίσκει τη, χρουσὺ γατάνιν πλέτσει.
«Μωρὴ σκύλλα, σκύλλ᾽ ἄνομη, σκυλλοδαιμονισμένη,
ὁ γιοῦκας μου δὲν ἐμπορεῖ τσ᾽ ἐσὺ γατάνιν πλέτσεις!
— Σὰν ἀποθάνῃ, θάψε το, σὰ γιάνῃ φέρε μού το,
10 νὰ κόψω μῆλον τῆς ὑγειᾶς, ἀπίδιν τῆς ἀγάπης,
νὰ κόψω τσαὶ τσερρώσλικα, ἴσως τὸ ξερρωσλήσω.»
Φεύγει τσαὶ πὰ τσαὶ βρίσκει το, τσ᾽ εἶχαν το σλὴλ λατέρα,
σκύβγει τσαὶ ξεσσεπάζζει το, τσ᾽ ἐθῶρεν την τσ᾽ ἐγέλα.
«Γιὰ δὲ τῆς ἄνομης ὁ γιός, τέχνες ποῦ τὲς ἐξέρει·
15 ὄνταν τοῦ λείπει τὸ φιλί, νὰ πέφτῃ νάποθαίνῃ!»

Une variante recueillie à Pyrghi donne ainsi les vers 6 et suivants :

Ἐπῆεν καὶ τὴν ηὕρενε κ᾽ ἐβάσλαν τὸ μαντίλι.
«Μωρὴ σκύλλα, μωρ᾽ ἄνομη, μωρὴ γεβεντισμένη,
ὁ γιοῦκας μου ψυχομαχεῖ κ᾽ ἐσὺ λατὸν ξεμπλέεις!
— Φωτιὰ νὰ πέσῃ σλὸλ λατό, καὶ δαῦλα σλὸ μαντίλι,
ἀ πὰ βρῶ τὸν πολλαγαπῶ, πόχει καμένα χείλη.»

Puis, aux vers 14-15 :

«Γιὰ δὲ τῆς χήρας ὁ ὑγιὸς μιὰμ μαριολλιὰ ποῦ ἔχει·
ὡσὰν ἀργήσῃ νὰ μὲ δῇ, νὰ πέφτῃ νάποθαίνῃ.»

DEUXIÈME PARTIE.

CHANSONS.

I

CHANSON DE BAPTÊME.

58. — AMÀDES.

Chanté par un homme de 45 ans.

Ὁρκώθηκα σʼτὰ νιάτα μου πιὰ νὰ μὴν τραβουδήσω,
γιατʼ εἶνʼ ἀγώρι τὸ παιδί, θὰ πῶ καὶ θὰ λαλήσω [1].

[1] Ces deux vers ont été intervertis par le chanteur.

II

BERCEUSES.

59. — MÀRMARO.

Chanté par une femme de 16 ans.

(Les points d'exclamation indiquent qu'il faut dire la note avec un cri plaintif.)

Ὕπνε, ποῦ παίρνεις τὰ παιδιά, ἔλα, πάρε καὶ μένα,
ἄμε, σεριάνισέ μου το, καὶ πάλι φέρε μού το.

60. — ANÀVATOS.

Chanté par une femme de 20 ans.

Ἔλα, ὕπνε μου, πάρε το, κι ἄμε το σ᾽τοὺς μπαξέδες,
καὶ γέμισε τὶς κόρφους του ρόδα καὶ μενεξέδες,
τὰ ρόδα νἄν' τῆς μάννας του, τὰ μῆλα τοῦ κυροῦ του,
καὶ τὰ χρυσὰ γαρούβαλα νἄναι τοῦ παγιρῆ του.

61. — KÈRAMOS.

Chanté par une femme de 40 ans.

Νάνι, τοῦ λὲ ἡ μάννα του, καὶ κεῖνος δὲν κοιμᾶται.

62. — Amàdes.

Chanté par une femme de 23 ans.

(Les points d'exclamation indiquent qu'il faut dire la note avec un cri plaintif.)

Κοιμᾶτ' ἀτὸς εἰς τὰ βουνὰ κ' ἡ πέρδικα σ7ὰ δάση,
χοιμᾶται τάγωράκιμ μου, τὸν ὕπνο νὰ χορτάση.

63. — Nènita.

Chanté par une femme de 30 ans.

Νάνι, νάνι, νανάτσα του,
ὕπνε μου, σ͂ὰ ματάτσα του.
Ἐσ' εῖσαι τάθι τῶν ἀθῶ,
τῆς λεμονιᾶς τὸ Φύλλο,
ἐσ' εῖσαι ποῦ γεννήθηκες
ἀντάμα μὲ τὸν ἤλιο.

64. PYRGHI.

Chanté par Calliope, 23 ans.

Νάνι, νάνι, νὰ κοιμηθῇ,
τὸ χαδεμένο μου παιδί·
νάνι, νάνι, νανίζζω το,
τῆς Παναγιᾶς χαρίζζω το,
τῆς Παναγιᾶς τσαὶ τοῦ Χρισ7οῦ,
τοῦ Ταξιάρκη τοῦ χρουζοῦ.

65. — ELỲMBI.

Chanté par Λεμονιὰ Μυοχάφτη, 3o ans.

Νάνι, ποῦ σ' ἤσπειρειν ἀτὸς τσαὶ ποῦ σ' ἐγέννα χῆνα,
τσαὶ ποῦ σ' ἐτσοιλουπόνεσε μιὰ μαύρη γερατσίνα.

III

CHANSONS DE MARIAGE.

66. — Elỳmbi.

Chanté par Fròso, 28 ans.

Ὅμορφη ποὔν' ἡ νύφη μας, καὶ διάλεξε καὶ ταίρι,
ποτήρι φαβουρίτικο μὲ διαμαντένιο χέρι.

67. — Pyrghi.

Chanté par Calliope, 23 ans.

Νύφη μου, λαμπερὸ χαρτὶ καὶ λαμπερὸ φεγγάρι,
πόσα φλουριὰ τὸ γόρασες εὐτὸ τὸ παλληκάρι;

68. — Avgònima.

Chanté par un homme de 25 ans.

Ὄντα σ' ἐγέννα μάννα σου, ὅλα τὰ δέντρ' ἀθθοῦσα,
καὶ τὰ πουλάκια σ⌉ὲς φωλιὲς κ' ἐκεῖνα κελαδοῦσα.

69. — Màrmaro.

Chanté par une femme de 6o ans.

Λέγω σου νὰ φύγω θέλω, σήκ' ἀκλούθα μου καὶ σύ,
κι ἀς ῥημάξῃ τὸ χωριόμ μας, κι ἀς μὴ μείνῃ μιὰ ψυχή.

70. — KINI.

Chanté par une femme de 38 ans.

Ἀννοίξετε τὶς κάμερες καὶ στρώσετε βελούδια,
γιὰ νὰ πλαγιάσῃ ὁ βασιλὲς μὲ τὴ βασιλοπούλλα.
Τὰ δυό σου μαῦρα μάτια κι ὁ ἄσπρος σου λαιμὸς
μ' ἐκάμαν τὴν καμένη καὶ πορπατῶ τρελλό.

71. — Καμβυα.

Chanté par un homme de 45 ans.

Ἔναν τραβούδι θὲ νὰ πῶ ἀπάνω στὸ κεράσι,
τἀντρόγυνο ποῦ θὰ γενῇ νὰ ζῇ καὶ νὰ γεράσῃ.

72. — Ληϊη.

Chanté par une femme de 85 ans. Comparer n° 51.

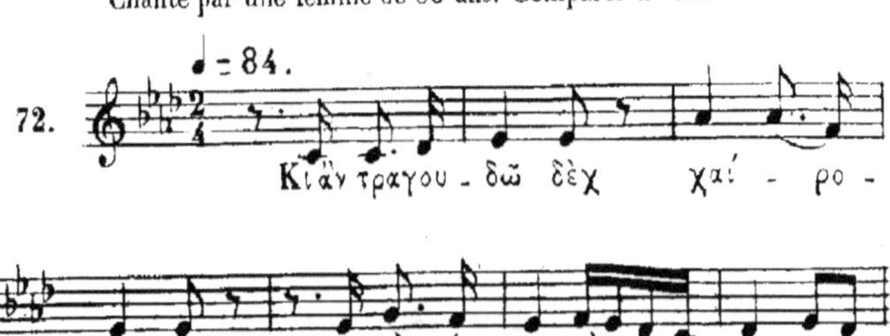

Κι ἀν τραγουδῶ δὲχ χαίρομαι, κι ἀν κλαίγω δὲμ μερώννω,
κι ἀδ δὲς σὲ δῶ, Διαμαντάκη μου, ἐγὼ δὲν καμαρώννω.

73. — Ρῖγος.

Chanté par un homme de 38 ans.

6.

Χριστέ, καὶ τίς τὸ στόλισε τὄμορφο τὸ τραπέζι;
— βρέ, γιὰ χαρὰ στὸ γάμο σας!

Voir Kanellàkis, Χιακὰ Ἀνάλ., p. 131.

74. — Avgònima.

RÉVEIL DE LA MARIÉE.

Chanté par un homme de 25 ans. Comparer n° 76.

Ξύπνησε, πετροπέρδικα, τίναξε τὰ φτερά σου,
   — τρεῖς ἐλιὲς καὶ μιὰ βαμμένη,
   τὴν καρδιά μου χεις καμένη —
χρυσὴ κορδέλα σοῦφερα, νὰ πλέξῃς τὰ μαλλιά σου,
   — βρ' ἔλα νὰ γινοῦμεν ταίρια
   κ' οἱ γονιοί μας συμπεθέρια.

75. — Pyrghi.

Μοσ͑τριάτικος. — Chanté par Calliope, 23 ans.

On appelle μόσ͑τρα une promenade que font les jeunes gens du village, le lendemain de la noce, devant les maisons des invités; elle est toujours accompagnée de chants.

76. — Anàvatos.

RÉVEIL DE LA MARIÉE.

Chanté par une femme de 38 ans. Comparer n° 74.

Ξύπνησε, πετροπέρδικα, καὶ σεῖσε τὰ φτερά σου,
καὶ διῶξε τὸ χρουσὸν ἀτό, ποῦ κοίτεται κοντά σου.

77. — Saint-Georges.

DÉPART DE LA MARIÉE.

Chanté par un chœur de jeunes filles.

Φεύγεις, κόρ', ἀφ' τὴ γειτονιά, φεύγει κι ὁ κόσμος ὅλος,
φεύγει κι ὁ ἥλιος ὁ μισὸς καὶ τὸ φεγγάριν ὅλο.

IV

MIROLOGUES OU CHANSONS FUNÈBRES.

78. — LITHI.

Cet air a été dit deux fois, à quelques minutes d'intervalle, par une femme de 85 ans.

A

B

Κλιάψετε, μάτια, κλιάψετε, ποῦ νὰ σᾶς πάρῃ ὁ Χάρος,
γιατί καὶ τὸ Γιαννάκημ μου πλιὰ δὲν τονὲ Θωρεῖτε.

79. — AMÀDES.

Chanté par une femme de 42 ans.

(Les syllabes suivies d'un point d'exclamation doivent être prononcées
avec beaucoup d'intensité et en expirant fortement.)

Φίδια, ποῦ τρώτε τοὺς νεκρούς, τὸ γιό μου μὴν τὸ ϑ φάτε.
ὀχού, γιούκα μου!
γιατ' ἦτο γιὸς καὶ μονογιός, κι ὸ κόσμος τὸλ λυπᾶται,
ἄχ, ἀλοί, καμό!

80. — PYRGHI.

Chanté par Kali, l'aveugle, 40 ans.

(Les paroles ont été dites au phonographe d'une façon si peu distincte qu'il m'a été impossible de les reconstituer.)

81. — Anávatos.

Chanté par une femme de 38 ans.

(Les points d'exclamation indiquent qu'il faut dire la note avec un cri plaintif.)

Μαὖρα θὰ βάψω νὰ φορῶ, μαῦρα καὶ ραχνιασμένα,
γιατὶ μ' ἐπορνησθήκανε δυὸ μάτια ζαχαρένια.

82. — Elýmbi.

Chanté par une femme de 15 ans.

Νἄχεν ὁ ᾅδης πόρτεγο, νἄμπω νὰ σιριανίσω.
ναῦρισκα τσαὶ τὸ ταίριμ μου,
μὰ νὰ τοῦ πῶ τὰ πάθη μου, ἄχ!
μὰ νὰ τοῦ πῶ τὰ πάθη μου τσαὶ νὰ τοῦ τὰ μιλήσω.

83. — KINI.

Chanté par une femme de 38 ans.

(Les points d'exclamation indiquent qu'il faut dire la note avec un cri plaintif.)

Ὄλλες οἱ πίκρες πίκρες ἐ, τσ' ὄλλοι καμοί καμοί ναι,
ὢ μὰ σὰν τὸ ξεκληρισμὸς ἄλλος καμὸς δὲν εἶναι·
φύγετε τί μοῦ φήτσετε; μιὰν ἄμουλα φαρμάτσι·
σηκώννομαι τσαὶ πλύννομαι, κάθε πρωΐ λιγάτσι.

84. — PYRGHI.

Chanté par Calliope, 23 ans.

Δὲν ἦρτα ἐῶ στὴν Παναγιὰ γιὰ νὰ τὴν προσσυνήσω,
μονο ρτα γιὰ τὸ φέντη μου, νὰ τὸ γυρίσω πίσω.

85. — Elỳmbi.

Chanté par une femme de 45 ans.

Σήμμερι πάχνην ἔρριξε τσ' οἱ κάμποι λουλλουδίσα,
τσαὶ τὰ πετάμενα πουλλιὰ σ'ὴγ γὴν ἐσυντηρούσα,
ποῦ γίνη γόηση σ'ὴ γῆ τσαὶ γόηση σ'ὸν ἄδη·
ὁ Χάρος ἐσαΐτλεψε μιὰν κόρη σ'ὸ τσεφάλι,
τσ' ἡ καημένη μάννα της καμόμ ποῦ θὰ τὸ λάϐη.

V

CHANSON DE LA MEULE À MAIN.

(Τοῦ χερόμυλου.)

86. — Pityos.

Chanté par une femme de 60 ans.

Ἄλεθε, μύλε μ', ἄλεθε χριθάρι καὶ σιτάρι,
νὰ παντρευτῇ ἡ λυγερή, νὰ πάρῃ παλληκάρι.

87. — ΑΥΓΟΝΙΜΑ.

Chanté par une femme de 37 ans.

Ἄλεθε. μύλο μ', ἄλεθε σιτάριν καὶ χλιθάρι,
ἄλεθε καὶ σγουρὰ μαλλιὰ μὲ τὸ μαργαριτάρι.

VI

CHANSONS DE TISSAGE.

(Τοῦ ρασοῦ.)

On désigne sous le nom de *ράσο* une étoffe en poil de chèvre qu'on
ne tisse plus que dans la partie nord de l'île.

88. — VÌKI.

Chanté par un homme de 36 ans.

Πέντε πῆχες μαῦρο ράσο
ποῦ θὰ νεύρω νἀγοράσω;
ἀ τὸ κόψω, ἀ τὸ ράψω,
ἀ τὸ βάλω νὰ περάσω,
κόρη, ἀπ' τὴ γειτονιάς σου
ἰ σοῦ κάψω τὴν καρδιάς σου.

89. — Avgònima.

Chanté par une femme de 37 ans.

Πέντε πῆχες μαῦρο ῥάσο
Θέλω ναὔρω νἀγοράσω,
νὰ τὸ ῥάψω, νὰ τὸ βάλω,
νὰ περν' ἀφ' τὴ γειτονιάς σου,
γιὰ νὰ κάβγω τὴν καρδιάς σου.

90. — Amàdes.

Chanté par un homme de 45 ans.

Τριὰ παιδιὰ πατοῦν γιὰ ράσο,
μἀρχούνταμ μου νὰ περάσω,
τριὰ παιδιὰ ἀρχούντικα
καὶ βερβεροπούντικα.

VII

CHANSON DU NOUVEL AN.

91. — Καμβυα.

Chanté par un homme de 20 ans.

Ἄη Βασίλης ἔρκεται ἀπὸ τὴν Καισαρεία,
βαστᾶ λιβάνι καὶ κερί, χαρτὶ καὶ καλαμάρι.
Τὸ καλαμάριν ἔγραφε καὶ τὸ χαρτὶν ἐμίλειε.
« Βασίλη, κι ἀπὸ ᾽ποῦρκεσαι κι ἀπὸ ᾽ποῦ κατηαίννεις;
5 — Ἀπὸ τῆς μάννας μόρκομαι, κ᾽ εἰς τὸ σκολειὸν ᾽πηγαίννω.
— Κάτσε νὰ φᾶς, κάτσε νὰ ᾽πιῆς, κάτσε νὰ τραουδήσῃς.
— Ἐγὼ γράμματα μάθαιννα, τραούδια ἐν ἠξέρω.
— Ἂν εἶν᾽ καὶ ξέρεις γράμματα, ᾽πές μας τὴν ἀρφαβῆτ᾽α. »
Εἰς τὸ μπαστούνιν κούμπησεν, νὰ ᾽πῇ τὴν ἀρφαβῆτ᾽α,
10 καὶ τὸ μπαστούνιν ταν ξερό, χλωρὰ βλαστάρια ᾽πέτα,
κι ἀπάνω ᾽στὰ κλωνάρια του ᾽πουλλάκια κελαδοῦσα.

Voir Passow, *Pop. carm.*, nᵒˢ 296 et suivants.

92. — Νɛνιτα.

Chanté par une femme de 3o ans.

Άγιος Βασίλης έρχεται ἀπὸ τὴν Καισαρεία,
  — σ' εἶσ' ἀρκόντισσα κυρία —
βασ]ᾷ λιβάνι καὶ χαρτί
  — ζαχαροχαρτοζυμωτή, —
χαρτί καὶ καλαμάρι,
  — σὰν ἐσὲ δὲν εἶναι ἄλλη.

VIII

CHANSON DE SARCLAGE.

(Δεσκαφισκιάτικος.)

93. — PYRGHI.

Chanté par Calliope, 23 ans.

Πότ' ἔρτες καὶ τραβούδησες, τὸ μά, νὰ σ' ἐννοήσω;
ὁπόυ' ὁ ὕπνος ἀκριβός, τότεν νὰ σ' ἀγαπήσω.

IX

CHANSON DE MAI.

(Μαγιάτικος.)

94. — PYRGHI.

Chanté par Hadzi, 25 ans.

Ὅνταν ἀρχίσω καὶ θὰ πῶ τὰ πάθη μου τραβούδια .
ἡ μαύρη γῆ ξηραίνεται, δὲ βγάζει πιὰ χορτάρια.

Variante, vers 2 (Pyrghi) : πιὰ λουλούδια.

X

CHANSONS DE MOISSON.
(Θερισλικάτα.)

95. — VOLISSO.

Θερισλικάτο τοῦ δρόμου. — CHANSON DE ROUTE.

Chantée par Anastasie, 17 ans.

Φέξε μου, φεγγαράκι μου, τὴ στράτα νὰ περάσω,
σὲ τουτονὰ τὸ μαχαλᾶ τὸ νοῦ μου θὲ νὰ χάσω.

96. NÈNITA.

Chanté par une femme de 3o ans.

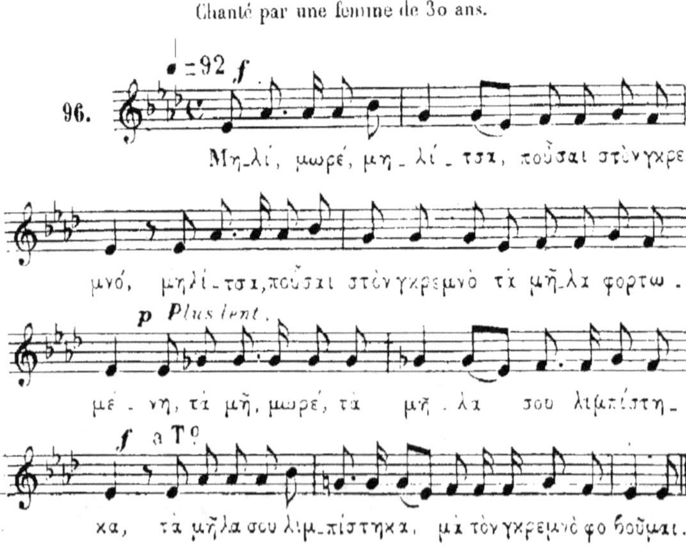

Μηλίτσα, ποῦσαι σ'ὸν γκρεμνὸ, τὰ μῆλα φορτωμένη.
τὰ μῆλα σου λιμπίσθηκα, μὰ τὸν γκρεμνὸ φοβοῦμαι.
— Καὶ σὰ φοβᾶσαι τὸν γκρεμνὸ, ἔλα σ'ὸ μονοπάτι.

Cet air paraît être un air de danse. Pour les paroles, cf. PASSOW, *Pop. carm.*, n° 541. Dans les villages de Chio, une deuxième chanson est venue se souder à la première, de sorte qu'après ces trois vers on chante :

Τὸ μονοπάτι μ' ἔβγαλε σὲ μιὰ ῥημοκκλησίτσα,
βλέπω σαράντα μνήματα,

et la suite à peu près comme MANOÙSSOS, Τραγούδια ἐθνικά, I, p. 199.

97. — NÈNITA.

Chanté par la même femme.

Μιὰ πέρδικα καυκήσ]ηκεν ἀνατολὴ καὶ δύση
πῶς δὲν εὑρέθην κυνηγὸς νὰ τηνὲ κυνηγήσῃ.

Cet air paraît être un air de danse. Pour les paroles, voir PASSOW, *Pop. carm.*, n° 493; cf. ARAVANTINOS, *Chansons épirotes*, n° 487; MANOÙSSOS, Τραγούδια ἐθνικά, II, p. 64.

98. — AMÀDES.

Chanté par un homme de 75 ans.

Θερίζζω, παίρνω τὸν καρπὸ κι ἀφίννω τὸ χωράφι,
ὁ διάολος κι ὁ πειρασμὸς νὰ πάρῃ τὸ δρκάτη.

99. — Kambya.

Chanté par un homme de 42 ans.

Μιὰ γγασ7ρωμένη Θέριζζε σ’ ἔναν κοντὸ κριθάρι,
ἐθέριζζε κ’ ἐδρόμιαζζε κ’ ἐδεματοκουβάλειε.

100. — Pyrghi.

Chanté par Calliope, 23 ans.

κουτὸ σι ταρι, κ'ἐ χεῖ
ποῦ ά
ά πο θέ ρι ζε χρουσὸν ὑ
γιὸν ἐ 6γάλ λει.
'Ε θέ ρι νέ θέ ρι ζε, νέ θέρι
ζε κ'ἐδρό μιαζε, ἔ δεννε κ'ἐκου6ά λέ,
κου 6ά λε, κ'εἰς τὸ δε, κ'εἰς
τὸ δε μά, κ'εἰς τὸ δε μά τι ποῦ δεν
νε, κ'εἰς τὸ δε μά τι ποῦ δεν νε
(Parlé.)
χρουσὸν ὑ γιὸν ἔ6γαλ λει νέ 6γάλ λει.

La chanteuse s'est trompée dans les paroles, qui devraient
être :

> Μιὰ γγασ7ρωμένη θέριζε σ' ἔναν κοντὸ σιτάρι,
> ἐθέριζε κ' ἐδρόμιαζε, ἔδεννε κ' ἐκουβάλε,
> κ' εἰς τὸ δεμάτι ποὔδεννε χρονσὸν ὑγιὸν ἐβγάλλει,
> κ' εἰς τὴν ποδιάν της τὸν ἁρπᾷ καὶ πὰ τὸρ ρεματίσῃ.

Voir H. PERNOT, *En pays turc, L'île de Chio*, p. 237-238.

101. — MESTA.

Chanté par une femme de 5o ans.

> Βασιλουπούλλα θέριζζε μακρὺν κουντὸ σιτάρι,
> ὦρες ὦρες ἰθέριζζε τσ' ὦρες ἰτσοιλουπόνε,
> τσ' ὦρες ἰκούμπα σ7οὺ δρουμὶ νὰ κῆς περνοῦν οἱ πόνοι.

XI

CHANSON DES LENTISQUES.
(Σσινιάτιχος.)

Cet air se chante à l'époque où l'on récolte la gomme des lentisques
(σσῖνοι), c'est-à-dire vers septembre.

102. — PYRGHI.

Vieux σσινιάτιχος.

Chanté par la fille de Κουλούμπος, 3o ans.

Ἐγὼ δὲν εἶμαι ποιητής, τραγούδια νὰ συθθέσω,
μὰ γὼ γιὰ τὸ χατίρι σας θὰ πῶ ὅτι μπορέσω.

103. — Pyrghi.

Σσινιάτικος ou σοτ/εϐριάτικος. Cet air est un air de carnaval,
qui a maintenant remplacé le vieux σσινιάτικος.

Chanté par Calliope. Comparer n° 104.

Ἔχω παραπονέματα σ7ὰ χείλη μου γραμμένα,
πότε Θὰ σμίξωμε τὰ δυό, νὰ σοῦ τὰ πῶ ναν ἕνα.

104. — Pyrghi.

Σσινιάτικος ou σοτ7εϐριάτικος.

Chanté par la même, à plusieurs jours d'intervalle.

Ἀντζελος εἶσαι, μάτια μου, τσ' ἀντζελιχὰ φορέννεις,
τσ' ἀντζελιχὰ πατεῖς τὴ γῆ, τσ' ὅλες τὰς νιὲς μαραίννεις.

Variante, vers 2 (Pyrghi) : τσ' ὅλους τοὺς νιούς.

M. H. Pernot.   8

XII

SÉRÉNADES. (Πατουνάδες.)

105. — KAMBYA.

Chanté par un homme de 45 ans.

Άντεστε νὰ πᾶ φύγωμε, πριχοῦ μᾶς βαρεθοῦνε,
γιὰ νἄρτωμε κι ἄλλη βολά, νὰ μᾶς καλοδεχτοῦνε.

106. — Pyrghi.

Chanté par Calliope, 13 ans.

Ἐσὺ κοιμᾶσαι, μὲ τὴ νοννά σου,
κ'ἐγὼ γυρίζω στὸ μαχαλᾶ σου.

8.

XIII

CHANSONS DIVERSES.

107. — Volisso.

Σοῦσα. — Chanté par Anastasie, 17 ans. Comparer n° 109.

Voir É. Legrand, *Chansons pop. gr.* (spécimen d'un recueil en préparation)·
Paris, Maisonneuve, 1876, in-8°, p. 22 et suiv.; Stamatiàdis, Ἰκαριακά, p. 143.

VERSION DICTÉE PAR LA MÈME.

Στὶς δεκαπέντε τοῦ μαγιοῦ, π' ἀννοίγει τὸ ζιμπούλλι,
ἀκούσατέ μου νὰ σᾶς πῶ τῆς Σούσας τὸ τραγούδι.
Ἡ Σούσα ἦταν ἔμορφη, τῆς Κρήτης τὸ καμάρι,
ἐγάπαν τὸς Σαρίμπαλλη, τὸ πρῶτο παλληκάρι.
5   Ἐγάπαν τη κ' ἐγάπαν το χρόνους δεκατεσσάρους,
ἀλήθεια τἀδερφάκιν της λλείπει μὲ τοὺς Μπρουσσιάνους.
Ἡ μέρα ἦταν ἑορτή, σ᾿τὴν πόρταν της καθθούντα,
καὶ μὲ τὸ κεντομάντιλο τὰ μμάτια της ἐσφούγγα.
Ἡ μάννα της τὴν ἀρωτᾷ κι ὁ κύρης της τῆς λέει·
10   «Τί ἔχεις, Σουσανάκι μου, καὶ κάθεσαι καὶ κλαίεις;
— Ὄνειρο εἶδα, μάννα μου, πικρὸ φαρμακεμένο,
πῶς ἦρτε τἀδερφάκιμ μου γυμνὸ ξεσπαθωμένο.
— Ὄνειρο εἶναι, Σούσα μου, κι ἀφῆσ' το νὰ περάσῃ·
καὶ σένα τἀδερφάκι σου σ᾿τὰ ξένα θὰ γεράσῃ,

15 καὶ σένα τἀδερφάκι σου, σ]ὰ ξένα ποῦ γυρίζζει,
    γιὰ τὰ Θεριὰ τὸβ φάγανε, γιὰ κοπελιὰ τὀρίζζει. »
    Ἀπόντου τὰ μεσάνυχτα οἱ πετεινοὶ λαλλοῦσα,
    ἄκου τὴν πόρτα καὶ βροντᾷ, καὶ ξύπνησεν ἡ Σοῦσα.
    « Ξύπνα, Σεριμπαλλάκι μου, καὶ πάγαινε σ]ὴχ χώρα,
20 γιατ' ἦρτε τἀδερφάκιμ μου, καὶ τί Θὰ γίνω τώρα;
    — Σήκω, Σουσάννα κι ἄννοιξε, κ' ἐγὼ μένω σ]ὴν κλίνη,
    γιατ' εἶν' ὁ ὕπνος σου γλυκός, νὰ φύγω δὲμ μ' ἀφίννει. »
    Σηκώθηκε καὶ ἄννοιξε, βλέπει τὸν ἀδερφόν της ·
    ὁ ννοῦς της μετασ]άθηκε, καὶ Θάμπωσεν τὸ φῶς της.
25 « Καλῶς το τἀδερφάκιμ μου, ποῦναι καὶ κουρασμένο,
    κι ἀπὸ τὸδ δρόμον τὸν πολὺ εἶναι καὶ διψασμένο. »
    Τὸμ μασ]ραπᾶν τοῦ ἄρπασε, νερὸ νὰ πὰ ν' τοῦ φέρῃ
    ἀπὸ τὸ περιβόλι της κι ἀπὸ τὸ Κρυονέρι.
    « Γιὰ πές μου, Σουσαννάκι μου, σ]ὴν κλίνη σου ἀπὸ κάτω,
30 πουταναριὸς τὸ ἔκανες, κ' ἐγὼ δὲν κάτεχά το. »

108. — KAMBYA.

Διάκος. — Chanté par un homme de 20 ans.

Τρία πουλάκια κάθουνται σ]οῦ Διάκου τὸ ταμπούρι,
τόνα τηρεῖ τὴ Λιβαδιὰ καὶ τἄλλο τὸ Ζητούνι.

Voir Passow. Pop. carm., nᵒˢ 234 et 235.

109. — Pyrghi.

Σοῦσα. — Chanté par Calliope, 23 ans. Comparer n° 107.

Μαΐου δεκατέσσερεις, π' ἀννοίει τὸ τριμπούνι,
ἀκούσετέ μου νὰ σᾶς πῶ τῆς Σούσας τὸ τραβούδι.
Ἡ Σοῦσα ἤτον ὄμορφη, τῆς Βενετιᾶς καράβι,
κ' ἐγάπαν τὸ Σερίμπαλη τὸ κάλλιον παλληκάρι.

VERSION DICTÉE PAR UNE FEMME DE 24 ANS.

Μαΐου δεκατέσσερεις π' ἀννοίει τὸ τριμπούνι,
ἀκούσετέ μου νὰ σᾶς πῶ τῆς Σούσας τὸ τραβούδι.
Ἡ Σοῦσα ἤτον ὄμορφη σὰβ Βενθκιᾶς κανάρι,
τσ' ἐγάπαν τὸς Σερίμπαλη τὸ κάλλιον παλληκάρι.
5 Ἠγάπαν τον τσ' ἠγάπαν τη χρόνουδ δεκατεσσάρους,
ἀλήθεια τάδερφάτσιν της ἤλειπεν στοὺς Σουσάνους.

Ἔνα βραδ κ' ἔναν προῒ σῖην κλίνην της καθίζζει,
πιάνει τὸ χρουσομάντιλο, τὰ δάκρυα σφουντζίζζει.
Ἡ μάννα της τὴν ἐρωτᾷ τσ' ἡ μάννα της τὴλ λέγει·
10 « Τί ἔχεις, Σουσανέλλα μου, τσαὶ κάθεσαι τσαὶ κλαίϳεις;
— Ἀπόψε τδα τόνειρο, πικρὸ φαρματσεμένο,
σὰν νάρτη τάδερφάτσιμ μου ὑμνὸ ξεσπαθωμένο.
— Ἐσόναν τάδερφάτσις σου σῖα ξένα ποῦ ὑρίζζει,
ἢ τὰ Θεργιὰ τὸ φάανε, ἢ ἄλλη καμμιὰ τορίζζει. »
15 Τὴν νύχταν, τὰ μεσάνυχτα, οἱ πετεινοὶ λαλοῦσι.
τσαὶ βρόντησεν ἡ πόρτα τω, τσαὶ ξύπνησεν ἡ Σοῦσα.
« Ξύπνα, Σερίμπαλλάτσιμ μου, πελετσητὴ κολόνα,
μὴν ἔρτη τάδερφάτσιμ μου τσαὶ βρῆ μᾶς εἰς τὸ σῖρῶμμα. »
Πάει νὰ ᾗ σῖην πόρταν τω, βλέπει τὸν ἀερφόν της,
20 [ἐ]κόντανεν ἡ γλῶσσα της τσ' ἐθάμπωσεν τὸ φῶς της.
Βάλλει σῖόμ μασῖραπᾶν νερό, νερὸ νὰ τὸν ποτίσσῃ,
μηδὲ νερὸν ἤθεν νὰ πκιῇ μήτε νὰ τῆς μιλήσσῃ.
« Τί ἔχεις, μωρὴ ἄδερφη, σῖὴν κλίνης σου ἀπὸ κάτω;
— Θαρρεῖς πῶς ἤκαμνα τσ' ἐὼ τὰς τέχνες τὰς διτσές σου; »
25 Βϳάλλει | ἀ πὲ τηξ ζέπην του ἕνα χρουσὸμ μαχαίρρι,
σῖοὺς οὐρανοὺς τὸ πέταξε, εἰς τὴν καδριάν της πέφτει.
Ἡ Σοῦσα πέφτει νεκρικὰ τσαὶ λὲ πῶς ἀπεθαίνει,
πιάννει την ὁ Σερίμπαλλης, σῖὴν κλίνην του τὴθ Θέτλει,
μόσκου τσαὶ μοσκοκάρυα παίρνει τσαὶ τὴν ποτίζζει.
30 « Φαέ τα, Σουσανέλλα μου, νὰ ϳιάνη ἡ πληή σου·
ἂν πὰν τσαὶ χίλια τάλαρα, τὰ δίει τὸ πουλλίς σου,
ἂν πὰν τσαὶ χίλια τάλαρα, ἂν πὰν τσαὶ δυὸ χιλιάες,
τὰ δίει ὁ Σερίμπαλλης πόχει πολλοὺς παράες.
— Πῆτε του τοῦ Σερίμπαλλη, σὰν εἶναι παλληκάρι,
35 νὰ κάμνη τὸ μνημούριμ μου ὄλλο μαργαριτάρρι,
νἀννοίξη τσ' ἀὸ πάνω μου νιὰν κροσῖαλλένιαϐ βρύση,
ποῦ ἔχει ἀγάπη σῖὴν καδριὰ νὰ πιῇ ννερό, νὰ σϐύσσῃ. »
Ἡ μάννα της ἀπηλοᾷ τσ' ἡ μάννα των τῶλ λέει·
« Ποιὸς ἦτο ποῦ σὲ σκότωσε, τσ' ἔκαμε φτὴν τὴ χάρη;
40 ποῦ νὰ ἔχῃ τὴν κατάρραμ μου πάντα του φυλαχτάρι. »

J'ai recueilli plusieurs fois cette chanson à Pyrghi. Voici quelles ont été les principales variantes de texte :

A. (Jeune fille de 14 ans) : 3, τῆς Καναριᾶς κανάρι. — 4 et 5 manquent. — 7, κάτα ταχὺ κάτα πρωΐ. — 8, τσεντομάντιλο. — 9, τσ' ὁ τσύρης της τὴλ λέει. — 10, μωρὲ Σοῦζζα μου. — 11, Ὄνειρον εἶα, μάννα μου. — 12, ξεσπαλιασμένο. — 12 bis, Ὄνειρον εἶες, κόρη μου, ἄφησ' τον νὰ περάσῃ, | τσ' ἐσόναν τάερφάτσις σου σῖα ξένα Θθὰ ἐράσῃ. — 17, τσ’ ἐϐὼ θὰ πὰ νάνοιξω. — 17 *bis*, τσαὶ πλάκωσεν ἡ ὥρα μου νάδικοθανατίσω. — 18 manque. — 22 *bis*, μὲ τ῁άγριον τὴν (ἐ)τσοί-ταξε, μὲ τὸν καλὸν τὴν πιάνει. — 23, μωρὴ Σούζζα μου. — 23 *bis*, μνη-μόσυνον εἴνητσε, τσ’ ἐϐὼ ἐπάντεχά το | Ὄνειρον εἶες, ἀερφέ, γιὰ ἔτσι φαίνεταί σου. — 26 *bis*, [Ἀ]ς τὸν πολὺν τὸν ταραμπὸ ποῦ κάμεν τὸ κορμίν της | ξύπνηζεν ὁ Σερίμπαλλης, ξύπνηζεν τὸ πουλλίν της. — 28, ἀπὸ τὴμ μέσην τὴν ἀρπᾷ. — 30 à 33 manquent. — 33 *bis*, Πῆτε του τοῦ Σερίμπαλλη, ἀν εἶναι τσεπαρίσσι | νὰ χτίζῃ σ῁ὸ μνημούριμ μου μνιὰ γκροσ῁αλλένηϐ βρύση. — Après le vers 35, la version continue ainsi : Γιατρέ, ποῦ αἴνεις τὰς πληγές, ποῦ αἴνεις τὰς μοιράες, | γιάνε τσ’ ἐμὸν τῆς Σούζζα μου, μὴλ λυπηθῆς παράες, | τσ’ ἀν πὰν τσαὶ χίλια τάλαρα τσαὶ χίλια πεντακόσα, | τὰ ἴννει ὁ Σερίμπαλλης ποῦ ἐλ λυπᾶται γρόσα.

B. (Femme de 35 ans) : 3, καράϐι. — 6, μάλισ῁α... σ῁οὺς Σου-ζάρους. — 8, τσαμπομάντιλον. — 12, ξεσπαθιασμένο. — S'arrête après le vers 18.

110. — Volisso.

Chanté par Anastasie, 17 ans.

En 1899, cette chanson était connue dans toute l'île de Chio, et même à la ville. Elle était sans doute d'importation récente.

Βαρέθηκα, καλὲ μάννα, μαντίλια νὰ κεντῶ,
καὶ θὰ τὰ παρατήσω, νὰ πὰ νὰ παντρευτῶ.

111. — Volisso.

Chanté par Anastasie, 17 ans.

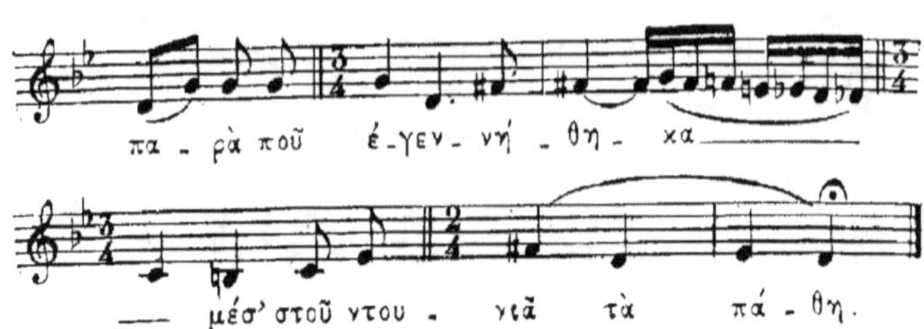

Καλήτερα νὰ ἤμουνα φίδι σ᾽τῆς γῆς τὰ βάθη,
παρὰ ποῦ ἐγεννήθηκα μέσ᾽ σ᾽οῦ ντουνιᾶ τὰ πάθη.

112. — PYRGHI.

Chanté par Hadzi, 25 ans.

Cet air et ces paroles sont, avec quelques variantes, la reproduction d'une chanson très connue en Grèce.

Τί νὰ τὸ θέλ' ἡ μάννα σου τὴ νύχτα τὸ λυχνάρι,
ποῦ λάμπεις μέσ' σ'τὸ σπίτις σας, σὰν ἥλιος, σὰ φεγγάρι;

Variante (Pyrghi) :

Εἶντα τὸ θελ' ἡ πεθθεργιὰ τὴν νύχταν τὸ λυχνάρι,
ἀφοὔρτεμ μέσ' σ'τὸ σπίτιν της τάσ'ρι τσαὶ τὸ φεγγάρι;

113. — Pyrghi.

Chanté par Galliope, 23 ans.

D'importation récente; n'est peut-être pas d'origine populaire.

Παναγιά μου, τὸν τσοπάνη, πῶς τὸν ἀγαπῶ,
ποὔβοσκεν τὰ πρόβατά του σ' αὐτὸ τὸ βουνό.
Πρόφασι θὰ βρῶ σ]αρνίν του γιὰ νὰ τοῦ τὸ πῶ,
μὲ δυὸ σ]ρογγυλὰ λογάκια, πῶς τὸν ἀγαπῶ.

<h2 style="text-align:center">114. — PYRGHI.</h2>

Chanté par Κουλοῦμπος, maître d'école, 24 ans.

Ἂς κάνω σίδερον καρδιὰ κι ἀσκώτια μολυβένα,
νὰ ταγιεντῶ τοῦ ἔρωτα λόγια φαρμακεμένα.

TABLE ALPHABÉTIQUE DES CHANSONS.

TABLE DES MATIÈRES.

PREMIÈRE PARTIE.

AIRS DE DANSE.

DEUXIÈME PARTIE.

CHANSONS.

M. H. Pernot.   9

PRINCIPALES PUBLICATIONS

D'HUBERT PERNOT.

Rapport sur une mission en Grèce. Tsakonien αθί = néo-grec ἀδερ-φός; la diphtongaison tsakonienne; *Annuaire de l'École des Hautes-Études,* 1894.

L'indicatif présent du verbe être en néo-grec, Paris, Imprimerie nationale, 1896, chez E. Leroux.

La contraction en grec moderne, *Mémoires de la Société de linguistique,* t. IX, 1896.

Table de Pythagore, diagnostique de la vie et de la mort, *Mélusine,* t. VIII, n⁰⁸ 6 et 7, 1896.

Mittel- und neugriechisch, étude sur les ouvrages relatifs au grec et intéressant les romanistes, années 1895-1896 (les mots romans en grec moderne; la prononciation de l'υ en tsakonien; etc.), Vollmöl-ler, *Romanische Jahresberichte,* IV, 1; années 1897-1898 (les mots italiens et vénitiens du dialecte de Zante; étymologies néo-grecques, etc.), *ibid.,* V, 1.

Quelques formes curieuses du néo-grec, *Bulletin de la Société de linguistique,* 1898, n° 45.

Descente de la Vierge aux Enfers, d'après les manuscrits de Paris; Paris, 1900, chez E. Leroux.

Documents sur le mouvement industriel et commercial de l'île de Chio en 1897-1898, *Bulletin de géographie historique et descriptive,* 1900, n⁰⁸ 1 et 2.

Marinos Kondaras, nouvelle d'Argyris Eftaliotis, traduite du grec, *Revue hebdomadaire,* 1901, n° 53.

En pays turc. L'île de Chio, avec 17 mélodies populaires et 118 simili-gravures, Paris, Maisonneuve, 1903.

Principaux comptes rendus : KÖRTING, *Neugriechisch und romanisch,* Revue critique, 1897, n⁰⁸ 33 et 34; *Byzantinische Zeitschrift,* 1899, n⁰⁸ 2 et 3; — DIETERICH, *Untersuchungen zur Geschichte der griechischen Sprache von der hellenistischen Zeit bis zum 10. Jahrh. n. Chr.,* Revue critique, 1900, n° 15; — G.-F. ABBOTT, *Songs of modern Greece,* Revue de linguistique et de philologie comparée, 1901, fasc. 1; — THUMB, *Die griechische Sprache im Zeitalter des Hellenismus,* Revue critique, 1901, n° 44, etc.

Voir la suite à la 4ᵉ page de la couverture.

À L'USAGE DES ÉLÈVES

DE L'ÉCOLE DES LANGUES ORIENTALES.

Grammaire grecque moderne, avec une introduction et des index,
Paris, Garnier, 1897.

Manuel de conversation grecque moderne, Paris, André, 1899.

EN COLLABORATION AVEC ÉMILE LEGRAND.

Précis de prononciation grecque, Paris, Garnier, 1896.

Étienne Martzokis, *Sonnets,* Paris, Didot, 1897.

Chrestomathie grecque moderne, Paris, Garnier, 1899.

POUR PARAÎTRE PROCHAINEMENT.

Études de dialectologie néo-grecque, d'après les principes de la
phonétique expérimentale. *Les patois de l'île de Chio.*

Les poèmes en grec vulgaire attribués à Théodore Prodrome,
édition critique basée sur de nouveaux manuscrits.